FOOLED BY RANDOMNESS

The Hidden Role
of Chance in Life and in the Markets

随机漫步的傻瓜

发现市场和人生中的隐藏机遇

[美] **纳西姆·尼古拉斯·塔勒布** 著
(Nassim Nicholas Taleb)

盛逢时 译

中信出版集团 | 北京

图书在版编目（CIP）数据

随机漫步的傻瓜 /（美）纳西姆·尼古拉斯·塔勒布著；盛逢时译 . -- 4 版 . -- 北京：中信出版社，2019.10（2025.12重印）

书名原文：Fooled by Randomness

ISBN 978-7-5217-0058-9

I. ①随⋯ II. ①纳⋯ ②盛⋯ III. ①企业管理—风险管理 IV. ① F272.35

中国版本图书馆 CIP 数据核字（2019）第 025657 号

随机漫步的傻瓜

著　　者：[美] 纳西姆 · 尼古拉斯 · 塔勒布
译　　者：盛逢时
出版发行：中信出版集团股份有限公司
（北京市朝阳区东三环北路27号嘉铭中心　邮编　100020）
承 印 者：三河市中晟雅豪印务有限公司

开　　本：787mm × 1092mm　1/16　　印　　张：15.25　　字　　数：150 千字
版　　次：2019 年 10 月第 4 版　　印　　次：2025 年12月第 36 次印刷
京权图字：01–2006–3454
书　　号：ISBN 978–7–5217–0058–9
定　　价：49.00 元

目 录

第二篇　打字机前的猴子

第三篇　活在随机世界中

序　言

任何人都会买卖

10年来，谈论人类面对随机性时所持的偏见（不管是后天习得或与生俱来）的著作已相当多。写这本书时，我遵循的原则是避免讨论我没有亲身经历的事，或不是我独自发展出来的东西，以及我还没有完全吸收消化，没办法不费吹灰之力写出来的东西。任何有上述问题的材料我都弃而不用。我也删除了一些内容，包括频频提及的研究者名字，以免看起来像是到图书馆抄来的。不是从我记忆中自然涌出的文句，我不会引用；不是这些年来我熟读的作品中的话，也不援引。我讨厌随机滥用别人的智慧，书内还会谈得更多。只有在所说的话比保持沉默有价值时，我才说出来。

我尽量不谈个人身为数学型交易员的专业经验。市场只是随机陷阱的一个特例，我讨论它们时仿佛是在晚餐桌上和求知欲强烈的心脏病专家聊天一样。

首先我要感谢一些朋友，他们其实可说是本书共同的作者。感谢纽约学者及随机性专家乔纳斯大半辈子像个初学者那般，兴高采烈地谈论和概率有关的所有课题。感谢我那概率通朋友杰曼热心支持我写这本书；由于他，我才了解到概率论者是天生的，不是后天造就的——许多数学家会算概率，但不了解概率，在判断概率问题时，他们不比一般人好。

催生本书的真正动力，是1987年夏天与博学多闻的朋友巴兹的彻夜长谈。他谈到各个财团“新”“旧”财富形成的问题。我那时还是名新进交易员，他却对身边傲慢自大的所罗门兄弟公司的交易员嗤之以鼻，后来证明他的看法是正确的。他告诉我，应该极力反省这辈子的种种表现，这也引起我写这本书的念头。我们两人后来都拿到了博士学位，攻读的课题几乎完全相同。很长的一段时间内，我周游纽约、伦敦、巴黎时，也把许多人“拖下水”，我和他们讨论这本书的一些内容，例如已故的鲍尔斯，他一再强调的“任何人都会买卖”的理念很早以前就影响了我的交易风格；或者有如一部百科全书，精通文学、数学和闪语的朋友巴斯泰尔；我也常找熟悉波普尔观念的同行魏克斯曼探讨如何将波普尔的观念融入我们的交易中。

本书是我在成立安皮瑞卡公司（Empirica）之后撰写完成的。“安皮瑞卡营”位于康涅狄格州偏远的格林尼治森林中，它依我的品位而设计，是我的兴趣所在。它集应用概率研究室、体育夏令营，以及危机搜寻避险基金营运中心于一体。写下这几行字时，我又回想起专业生涯中最美好的那些时光。感谢曾在那里共聚一堂，对我启发良多的志同道合之士。

前言

幸运的交易员

本书谈的主题是分明靠运气，却被误认为是凭非运气（技术）才完成的事；以及更普遍来说，是那些被误认为是非随机现象（决定论）的随机现象。所谓幸运的傻子，正是这样的写照。幸运的傻子运气好得出奇，却煞有介事地把自己的成功归诸其他特定原因。这种似是而非的现象，常出现在许多始料未及的地方，连科学也不例外，但在商业界却最为明显、突出。政坛上也能见到这种现象，例如一国总统大谈“他”创造的就业机会、“他”带来的经济复苏、“前任总统”造成的通货膨胀等。

在基因上，我们仍和许久以前漫游在非洲大草原上的老祖先很接近。我们信念的形成充满着迷信，即使现今也不例外，或许必须说，于今尤烈。某天，原始部落的某个人抓了鼻子之后不久，天空就开始下雨，于是他煞费苦心地发展出一套抓鼻子祈雨的方法；同样，我们把经济的繁荣归功于联邦储备委员会（Federal Reserve Board）降低利率，或将某家公司的经营有成归功于新总裁的“走马上任”；书店架上摆满了畅谈成功人物如何功成名就的人物传记。俗话说的“天时地利”（the right time and the right place），可用来削弱他们所得出的任何结论。同样的混淆，也见诸形形色色的人身上：文学教授苦心赋予偶然出现的字句深层的意义；财务统计专家则对于在完全随机的资料中找到了“规律性”和“反常现象”喜不自胜。

虽然有以偏概全之嫌，但我还是要指出，文人有故意将噪声（noise）和意义（meaning）混为一谈的倾向，也就是把随意而得的作品和刻意营造的信息混淆。不过这于事无损，很少有人会认为艺术是探索事实真相的工具，艺术不过是逃避事实或者让真相更令人满意的方法。由于我们没有能力或者不愿接受随机现象，象征主义应运而生，我们为各色各样的形状赋予意义，我们在墨渍的痕迹中探查人类的形象。

19 世纪法国象征主义诗人兰波说：“我在云中见到清真寺（I saw mosques in the clouds）。”这样的解读把他带到了位于非洲东部“如诗如画”的阿比西尼亚（Abyssinia，今埃塞俄比亚），在那里他遭受了黎巴嫩奴隶贩子的粗暴虐待，染上梅毒，结果因为坏疽而失去一条腿。19 岁时，他在厌恶之余放弃写诗，30 多岁时在马赛一家医院的病房孤寂谢世。但一切为时已晚，欧洲知识界对象征主义的爱好似乎已无法扭转——不管是精神分析或其他热潮，至今我们都还难以脱身。

可叹的是，有些人玩这种游戏玩得太过火，他们拿钱就是为了解读过多的事情。我喜欢文学和诗词，却对大部分文学教师与“评论家”十分厌恶，并且一直为这种好恶间的冲突所苦。法国诗人瓦雷里曾经很讶异地听到有人评论他的诗，并从他的诗中挖掘出他从未设想过的意义。当然，有人说，那些概念存在于他的潜意识中。

一般来说，我们确实低估了很多事情中的随机成分。这一点或许不值得累牍成书，只有愚蠢至极的专家才会那么做。令人不安的是科学直到最近才有能力处理随机问题，可用信息的增长速度，总不敌噪声膨胀的速度。概率论是新近发展的数学理论，其将概率应用到实物的分析上，但还没有发展出任何定理。

我们来看看表 1 的左栏和右栏。本书的主要论点被我总结到了这张表中，分类项目代表本书所讨论的主要领域。

读者或许感到好奇，就相反的状况来说，也就是非随机现象被误认为随机现象的问题是否就不值得注意？我们可能对某些形态和信息视而不见，这种情形难道不值得担心吗？我有两点说明。首先，我对某些尚未检测到的形态并不太担忧。我们已经从各种细小的自然事物，如掌纹、土耳其咖啡杯底的残渣中读到了不少冗长且复杂的信息。在家用超级计算机、并行处理器以及复杂性和混沌理论的协助下，科学家、半吊子科学家或伪科学家都能找到一些征兆。其次，我们必须考虑犯错的成本。依我之见，把右栏误认为左栏造成的损失不如反过来的错误那么大。连俗话都提醒我们：“坏消息还不如没有消息。”

表 1　混为一谈表（本书讨论的主要差异）

普遍情况	
运气	技术
随机性	决定论
概率	必然性
想法、臆测	知识、确信
理论	实际
逸事、巧合	因果、法则
预测	预言
市场表现	
幸运的傻子	专业投资人
幸存者偏差	市场优势
财务	
波动性	报酬
随机性变量	决定性变量
物理学与工程学	
噪声	信号
文学评论	
无（文学评论家似乎没有给他们不了解的事情一个名称）	象征
科学哲学	
知识论概率	物理学概率
归纳法	演绎法
综合性命题	分析性命题

不管这些领域多么有趣，深入探讨可是件十分吃力的事。此外，它们并不是我目前专攻的术业。我相信金融交易行业存在错把运气当作个人能力的情况，这样的习惯甚为普遍，也最为明显。不管幸或不幸，我身处这个行业中，它是我的专业，因此运气将成为

本书的主干。我最了解的是这一行；此外，要了解以上所说的种种差异，商业界是最好也最有趣的实验室。人类从事的种种活动中，这里产生的混淆最多，结果也最险恶。比方说，我们常常会产生错误的印象，认为某套策略是绝佳的策略、某位创业者怀有独树一帜的“远见”，或者某位交易员是杰出的交易员，其实，他们过去的表现有 99.9% 可归因于运气，而且只和运气有关。请一位赚了不少钱的投资人谈他成功的原因，他会列举各种深入且令人信服的理由，但这些理由常常都是刻意编造的，称之为“吹牛皮充内行”亦无妨。

如果要找个理由来说明表 1 中的左右栏为什么容易令人混淆，原因应该出在我们没办法以批判性的方式去思考，我们可能乐于将个人的臆测当作事实真相。我们已经习惯这么做了。后文将说明，我们的心智并没有配备适当的硬件，因而我们缺乏处理概率问题的能力；这样的弱点连专家也无法幸免，有时甚至只发生在专家身上。

19 世纪的漫画人物、挺着啤酒肚的资产阶级人士普律多姆先生[①]随身携带一把巨剑，用意有二：保卫共和国不受敌人侵袭；万一共和国误入歧途，用来攻击它。同样，本书也有两层用意：保卫科学，作为照亮随机之声的光束；在科学家误入歧途时抨击他

① “普律多姆先生”是 19 世纪法国作家兼讽刺漫画家亨利·莫尼埃所创造的七月王朝时期一个可笑的人物，英文全名为 Joseph Prudhomme，并非影射真人。该漫画是石版画作品，当时相当受欢迎。——译者注

们。大部分问题会发生，是因为某些科学家不了解标准差或者批判性思考的重要性。在不确定性的领域中沉浮多年，我见多了披着科学家外衣的江湖术士。在这些人里面，可以找到被随机性愚弄最深的人。

我不喜欢读者从目录就能轻易猜到书中的内容，但是暗示接下来会发生什么事似乎是必要的。本书分成三篇。第一篇省思梭伦的警语，他对几件稀有事件所下的断语，成为我终生的座右铭。我们会谈到发生和未发生的历史。第二篇谈我在充满随机性的职业生涯中，碰到以及因此受害的许多概率偏差，这些随机问题到现在还在愚弄我。第三篇总结指出要泯灭我们的本性或许不容易，我们需要的是一些小技巧，而不是冠冕堂皇的大道理。同样，前人的谋略对我们大有助益。

第一篇　黑天鹅事件

如果某件事失败的代价过于沉重、难以承受，那么其成功的概率有多高根本无关紧要。比如说，在美国，在自家游泳池溺死的概率远远高于在恐怖袭击中死亡，但民众对政府反恐政策的关注却远胜于自家游泳池，这是由于恐怖袭击发生的可能性虽然小，但其后果却是民众不能承受的。

吕底亚[1]国王克罗伊斯被公认是当时最富有的人。直到今天，罗曼斯语中仍用“富如克罗伊斯”来形容一个人极其富有。

据说希腊的立法者梭伦去拜访他时，并没有对主人身边的财富和金碧辉煌的事物表示一丝惊讶，也毫不赞美这些珍宝的主人。梭伦以集高贵、内敛、诚实、谦逊、俭朴、智慧、聪明及勇气于一身而闻名。对于这位贵客无动于衷的态度，克罗伊斯相当不悦，因此设法要从他嘴里套出一些恭维之辞。他问梭伦是否看到过比他快乐的人，梭伦提起有个人既富且贵，却死于战斗。被进一步逼问后，梭伦列举的例子仍然不外乎生而富贵，但不幸死于意外。最后克罗伊斯动怒了，直截了当地问，难道他不能算是最快乐的人？梭伦答道：“看尽人世间形形色色的不幸之后，我们不能因为眼前的荣华富贵而狂妄自大，或者赞美稍纵即逝的幸福快乐。世事难料，未来变幻莫测。只有承蒙上苍垂怜、能够幸福到老的人，我们才能称之为幸福快乐。”

现代社会中，棒球教练贝拉讲出了同样意味深长的话。他将梭伦纯正的雅典希腊语转译成纯正的布鲁克林式英语，说：“不到最后，都不算结束。”或者用不太高雅的方式说：“要到胖女人上台唱歌时，一切才算结束。”虽然是带着浓厚的地方腔，不过贝拉确实是讲了那句话，而克罗伊斯和梭伦见面一事，则

---

① 吕底亚（Lydia），小亚细亚中西部之古代王国。——译者注

纯属虚构，因为从两人生活的年代来看，他们不可能在同一时间出现。

本书第一篇探讨的是环境随时间变化的可能性。在大多与命运女神（朱庇特的长女）有关的情况中，我们往往遭到捉弄。梭伦很聪明，知道得自运气之物，也可能被运气取回，而且往往是出乎意料地迅速被取走。反过来说，得自运气之助极少的事物，比较不容易出现随机现象。这种情况也一样值得我们注意。梭伦也根据直觉，触及近 300 年来科学界致力研究的一个问题：归纳法。我在本书中称之为“黑天鹅”或者“稀有事件”。梭伦甚至了解另一个相关的问题，我把它叫作偏态；如果某件事失败的代价过于沉重、难以承受，那么其成功的概率有多高根本无关紧要。

克罗伊斯的故事还有续集。他被强大的波斯王居鲁士打败，在即将遭受火焚酷刑时，他呼唤着梭伦之名，高叫道：“梭伦，你是对的。”（这也是传说。）居鲁士问克罗伊斯为什么死前要叫这个人的名字，他把梭伦的警语讲了一遍。居鲁士大受感动，决定免克罗伊斯一死，因为他也想到自己未来可能的命运。那时的人真有远虑。

第一章

赚钱的随机性

塔利波和约翰是如此不同，他们迥异的操盘方式也让他们的生活有着巨大差异，随机性为何让约翰如此富有？

多疑的塔利波

迷上证券交易

某年春天，塔利波在参观芝加哥商业交易所（Chicago Mercantile Exchange）时目睹了一宗怪事，并从此迷上证券交易。当时有一辆红色敞篷保时捷跑车，以市区限速好几倍的速度疾驰而来，突然停在大门前，轮胎发出刺耳的声音。一位神情狂乱、体格健壮、满脸通红、三十来岁的家伙，打开车门，快步跑上台阶，好像后面有老虎在追似的。他的车与别的车并排停放，引擎未熄，引来其他汽车一阵愤怒的喇叭声。过了漫长的一分钟后，一个身穿黄夹克员工制服、神情厌烦的年轻人走下台阶，显然对混乱的交通状况视若无睹，他把车子开进地下停车场，态度敷衍随便，好像这是每天的例行差事。

这一天，塔利波终于体悟到法语所说的“一见钟情”，那就像是遭到雷击，突然强烈迷上某样东西的感觉。“这就是我要做的事！”他兴高采烈地叫道。他忍不住拿交易员的生活和周围的其他职业生活相互比较。学术界令他想起阒寂无声的大学办公室和粗鲁无礼的秘书；企业界令他想起悄无声息的办公室，里面有一大堆思想迟钝和半迟钝的人，一开口非得把整个句子讲得很完整不可。

和一见钟情不同的是，在芝加哥看到的那一幕所引起的迷恋，持续了约 15 年。塔利波信誓旦旦地说，这个时代的合法行业里，只有当交易员才不那么无聊乏味。此外，虽然他不曾出海当过海盗，却深信就连海盗那一行也比不上交易员有趣。

塔利波的言谈举止时而像宗教历史学家，时而像粗俗的芝加哥场内交易员，难以捉摸。他可以眼睛眨都不眨、想都不想一下，就投入数亿美元去操作一笔交易，但去餐厅时却对菜单上的两种开胃菜犹豫不决，使最有耐性的服务员都变得不耐烦。

塔利波拿到剑桥大学的古代文学和数学硕士学位后，继续攻读芝加哥大学统计学博士学位，但在修完必修学分和完成大部分论文研究后，竟然转到哲学系。他说，转系是“神志一时清醒”的结果。论文指导老师对此举大吃一惊，警告他对哲学家敬而远之，而且预言他会重回老本行。他完成了哲学论文，但不是德里达那种深奥难懂的欧陆哲学——事实上，德里达对于他们圈子以外的人而言，包括我在内，都是深奥难懂的。他的论文主题是统计推论应用于社会科学上的方法学。其实他的论文和数理统计论文没两样，只是考虑的东西多了一点，文章长了一倍。

人们常说，哲学养不活哲学家，但这不是塔利波离开哲学的原因。他离开是因为哲学没办法愉悦研究哲学的人。首先，哲学开始看起来毫无用处，这让他回想起以前的论文指导老师的警告。其次，他厌倦了一再撰写文章去引申解释过去所写文章的晦涩难解之处，于是他离开了学界。他觉得学界的论辩烦人之至，尤其是不断为细枝末节争执不下。塔利波要的是起而行，但他的问题出在当初选择踏入学界，是为了逃避职场生涯的单调乏味和卑躬屈膝。

崭露头角

自从看到一位交易员好似被老虎追赶的那一幕后，塔利波在芝加哥商业交易所找了一份实习的工作。这座大型交易所里，交易员是靠拼命喊叫和做手势来进行交易的。塔利波在一位名气非常响亮但行事古怪的场内自营交易员手底下工作。他教导塔利波学习芝加哥式的交易，交换条件是塔利波帮他解数学方程式。场内飞扬的活力与干劲深深鼓舞着塔利波，他很快就成为独当一面的交易员。后来，他又厌倦了成天挤在人群中大声叫喊，于是决定“更上一层楼”，去交易台操作。他搬到了纽约，在一家投资公司找到了工作。

塔利波专精计量金融商品，很快就崭露头角，他打响了名号且变得受人追捧。纽约和伦敦的许多投资公司抢着以高额红利邀他过去工作。两年的时间内，塔利波穿梭于纽约和伦敦，穿着昂贵的西装，参加重要的“会议”。但是没多久塔利波就躲了起来，因为他过不惯华尔街星光闪耀的日子，所以隐身幕后。想要继续当个“红牌交易员”，必须怀有在组织中一层层向上爬的野心和很强的权力欲望，但他很庆幸自己没有这些包袱。他到那里纯粹是为了好玩，而所谓的好玩并不包括行政管理工作。他讨厌会议室中沉闷窒息的气氛，也不擅长和企业人士交谈，尤其是那些平凡无奇的企业人士。塔利波非常讨厌商场用语，理由不光是它们有欠优雅。“解决对策”、“财务底线”、“如何从这里到那里”、“我们为客户提供解决方案”和“我们的使命”之类的话，以及充斥在会议过程中的其他平庸陈腐的表达方式，既不精确，也缺乏他想听到的那种特色。他不知道人们是为了打破沉默而讲出这些空洞无物的话，还是这种会议真有其价值，总之，他不想再待下去了。

其实在塔利波广阔的人际关系网中，几乎没有半个企业人士。如果有人以粗鲁无礼的态度向我炫耀什么东西，我会很恼火，塔利波却不同，他对这种情形总是淡然处之。

塔利波调到了所谓的自营交易部门，负责自营交易的交易员自成一个独立单位，公司提供内部资金让他们操作运用。他们爱怎么操作就怎么操作，只要成果令高层满意即可。自营是指，他们拿公司的钱去操作，到了年底结算时，他们可以从自营业务利润中抽7%~12%当奖金。自营交易员享有自己当家做主的所有好处，却不必去管业务经营上恼人的琐碎事务。他爱什么时候工作就什么时候工作，只要兴起随时可以外出旅行，或将时间和精力投注在个人的嗜好上。对塔利波这种不喜欢劳力工作、喜欢随时沉迷于冥思的知识分子来说，这里犹如天堂。

为什么没赚更多钱？

来谈谈塔利波的工作方法。在他那一行，他是相当保守的交易员。以前有过好年头和没有那么好的年头，但他几乎不曾碰到过“坏”年头。这些年来，靠着每年30万~250万美元之间的收入，他慢慢积累起稳固可靠的本钱。平均来说，缴完税后他每年能存50万美元（平均收入约100万美元），这些钱全都直接存到他的储蓄户头里。1993年他表现平平，公司的做法令他很不舒服，其他交易员表现比他好得多，所以他能够自由运用的资金大为缩水，他因此觉得很不是滋味。他跳槽去了另一家比较友善的公司，在相似的工作环境下干着差不多的工作。1994年秋，由于美国联邦储备银行（Federal Reserve Bank）随意紧缩银根，全球债券市场崩跌，而这使得一直互相较劲儿、争取优异绩效的交易员集体“炸毁”。他们都被扫地出门，只能另寻其他工作。这一行的死亡率倒是挺高的。

塔利波为什么没有赚到更多钱？原因在于他的交易风格，或者说他的个性。他极其厌恶风险。塔利波的目标不是赚取最高的利润，以免“交易”这个十分有趣的赚钱机器离他而去。万一“炸毁”，他就得回去过那无聊透顶的学院生活或者其他与金融交易无关的生活。每当他承受的风险升高，他就会想起大学里空无一人的过道、埋首书案批改论文的漫长早晨，以及用于保持头脑清醒的苦涩咖啡。不，他不想再回到严肃可怕的大学图书馆，那会叫人无聊至死。他经常告诉自己：“在这一行，我非得长命百岁不可。”

塔利波看过很多交易员“炸毁”，因而不希望重蹈覆辙。“炸毁”有个明确的意义，指的不仅是赔钱，而且是损失金额超过预期，以致在这一行再也待不下去，就如医生失去行医执照或律师被取消资格。每当损失达到一定的程度时，塔利波会马上结束交易。他从来不卖“未抵押期权”（一种操作策略，有可能产生很大的损失），不管概率有多小，他从来不让自己落到可能损失较大的境地，比方说100万美元，赔钱的上限视他当年累积的利润多寡而浮动。由于厌恶风险，所以塔利波赚的钱没办法像华尔街上人称“宇内高手”的交易员那么多。他的公司通常把较多的资金分配给采取不同手法的其他交易员，例如等一下我们就会谈到的约翰。

塔利波的个性是不介意赔小钱。“我喜欢赔小钱，”他说，“但需要赚大钱。”市场发生恐慌和突然崩盘，交易员转眼之间被清洗出场，这种事情虽然十分少见，但是无论如何，他绝对不肯在这种事上冒险。相反，他希望能从这些事件中获利。有人问他，为什么不抱牢赔钱货，他总是回答，他接受的训练指导他成为“最胆小的交易员”。

其实真正的原因是他学过概率，以及与生俱来抱持的怀疑态度。

塔利波不像其他人那么有钱，还有另一个原因。他的怀疑论不允许他把钱投到公债以外的渠道，他也因此错过了股票的大多头市场。他的理由是，多头市场很有可能演变成空头市场和陷阱。塔利波十分怀疑股票市场，认为那是某种投资骗局，因此死也不肯投资股票。塔利波身边的人都靠股票市场致富，而他的现金流量虽然非常充裕，资产却没有和别人齐头并进（他持有的公债价值很少波动）。他拿一家新创科技公司与自己的情况做对比：尽管现金情况不乐观，却有一大群投资人对它趋之若鹜，结果公司股东因为股票价格暴涨而致富，投资人的前景却是市场随机选择的结果。

塔利波的情形恰好和这家科技公司相反，他的投资方式和朋友不同，他不靠多头市场赚钱，因此也根本不必担心空头突然降临。他的财富净值不是拿个人积蓄去投资赚来的。他不想投资致富，只想赚取现金收入。他不拿积蓄去冒险，因此存款只投资于最安全的理财产品。公债十分安全，其是美国政府发行的，而政府破产的可能性很低，因为政府随时可以印制钞票来偿还债务。

概率问题

塔利波现年 39 岁，已经在这一行工作了 14 年，他觉得自己的日子已经安定了下来。他的投资组合包含数百万美元的中期公债，这足以确保他未来衣食无忧。他之所以喜欢自营交易这一行，在于它所需时间比其他高待遇行业少得多。换句话说，这完全符合他的非中产阶级工作伦理。金融交易耗费心力，只知道卖力工作的人，会失去注意焦点，脑筋也会变得迟钝。此外，他们最后会淹没在随机性之中。塔利波相信工作伦理会使人只留意噪声，而忽略了有意义的信号（见“混为一谈”表中所显示的差异）。

多余的时间让他能够追求各式各样的嗜好。塔利波读很多东西，也将很多时间花在健身房和博物馆中，所以没办法像律师或医生那样工作。塔利波重新拾起对自己专业统计学的乐趣。他目前每年会在纽约大学数学系开授半学期被称为“概率思想史”的研讨课。这门课极富原创力，吸引了许多优秀的研究生。他已经为保持自己喜欢的生活方式存下了足够多的钱。万一将来股票市场出现巨大波动，他也备有紧急应变计划，或许是退休后以概率和非决定论（indeterminism）为主题，写一些通俗科学小品文。

塔利波凡事都想到概率问题，这可能和他生活中遇到的某些戏剧性事件有关。这些事件，他放在自己的心里，并未说出口。真要追根究底的话，或许可以从塔利波天生多疑的奇特个性中观察到一些蛛丝马迹，我们没办法一览无遗地透视他的生活。塔利波有个秘密，容后再述。

富豪交易员约翰

20 世纪 90 年代里，约翰的房子与塔利波的房子隔街相望，但是要比塔利波的大得多。约翰是所谓的高收益交易员，和塔利波的个人风格不同，只要和他随便聊上几句，就会知道他的学养、心思和有氧运动教练没有两样，只是体格不一样。连头脑愚钝的人也看得出，他赚的钱比塔利波多很多——或者至少他比较会炫耀。他家车道上停有两辆顶级德国轿车，一辆是他的，一辆是他太太的，还有两辆敞篷车，其中一辆是典藏版的法拉利；然而反观塔利波，还是那辆开了快 10 年的大众双座敞篷轿车。

约翰和塔利波两人的太太彼此也认识，但塔利波太太和约翰的太太在一起时非常不自在，她总觉得约翰的太太不仅爱炫耀，还瞧不起她。塔利波见多了交易员发财后，一心追求葡萄酒收藏家和歌剧爱好者的腔调，而他太太也很少碰到低调的新富，跻身新富阶层的人之前穷怕了，于是一有了钱便产生唯恐天下不知的补偿心理。塔利波常说，身为交易员，唯一的坏处是会见到一大笔钱掉到毫无心理准备的人手里，逼得他们不得不去试着了解维瓦尔第的《四季》这种“优美的”音乐。不过对他太太来说，几乎天天要听到对面邻居夸耀说他们又请了一位新的装潢师之类的话，也够苦的了。

约翰夫妇家的“图书室”摆满了皮革封面的精装书，他们一点儿都不觉得不好意思。他太太在健身房只看《人物》(*People*）杂志，书架上一整套已故美国作家写的书却碰都没碰过。她也一天到晚地谈论自己发不出音的奇怪地名；他们夫妇度假时去过那里，可是回来后连当地的一点小事也说不上来，问她塞舌尔群岛在哪一个大陆她都答不出来。塔利波太太十分平凡，虽然一再告诉自己别跟约翰的太太一般见识，但她却老觉得生活上不如人家。眼前摆着特大号的钻石、豪宅、跑车，再多的言辞和理由也安慰不了自己。

能赚钱的无知者

塔利波对他的邻居也有一种隐约的不快。他相当瞧不起约翰，因为约翰正代表了他没有变成也不想变成的那种人，然而无形的社会压力开始包围他。此外，他也想品尝成为富豪的滋味。理性上的轻蔑，不能掩饰心底的艳羡。对街的房子越来越大，扩建之后又扩建，塔利波内心的不舒服也日甚一日。塔利波事业上的成功虽然已经超过自己的梦想，但私底下和理智上，他开始纳闷：自己是不是在什么地方错过了什么机会？在互竞强弱的华尔街，约翰这种人的到来，害他失去了重量级交易员的地位。以前他不在意这种事，现在却开始想，要是对街没有那栋讨人厌的大房子，一切都很美好。约翰的大房子让他怀疑这种差距是否产生于天生的强弱有别。更糟的是，约翰比他晚 5 年入行，收入却至少是他的 10 倍。

偶然无意中碰面时，塔利波总能清楚地感觉到约翰对他老是左损右贬，那种纡尊降贵的态度虽不明显，但还是能够察觉，有些时候，约翰会完全无视他的存在。如果约翰这个人远在天边，例如只是报上才读得到的人物，情况将大为不同。可恨的是，约翰不但是个活生生的人，而且还是他的邻居。塔利波犯下的错误是结识了约翰，自那一刻起，强调地位高低的竞争法则便开始生效。

塔利波借着怀想小说人物斯旺来缓和自己的不安。法国小说家普鲁斯特所著《追忆逝水年华》中的主角斯旺，是个优雅且悠闲度日的艺术品经销商，他和威尔士亲王等朋友往来时从容自在，但在中产阶级面前他却好像必须去证明什么似的。斯旺擅长周旋于盖尔芒特地区的王公贵族中间，但和维都洪区的中下阶级却处不来，理由显然是他在前者面前比较有信心。同样，塔利波颇受一些声誉卓越人士的敬重，他经常和诺贝尔奖得主等级的科学家在巴黎和威尼斯街头漫步长谈。这些人士已经不再需要证明什么，却十分乐意与他一谈。一位相当知名的亿万富翁常打电话给他，请教他对一些衍生性证券的价值的意见。可是现在，面对待遇过高、操着拙劣新泽西口音的这样一个土包子，他却热切地想得到对方的尊重。如果我是塔利波，一定会用肢体语言表达对约翰的不屑之情，不过话说回来，塔利波毕竟是个好好先生。

和塔利波比起来，约翰的学历、教养和体格都差得多，也不像他那么聪明，连在街头讨生活的智慧也比不上他！塔利波在芝加哥的交易场见过真正懂得如何讨生活的人，这些人思维敏捷，但在约翰身上却看不到这样的特质。塔利波深信这个浅薄无知却自大的人能够赚那么多钱，只是因为他的弱点还没有遭受考验。不过塔利波有时还是免不了产生嫉妒之情，他不清楚自己对约翰的看法是一种客观的评估，还是只因约翰“狗眼看人低”，才让他有这样的感觉。或许塔利波才是不够格的交易员，也许他应该使劲鞭策自己，或者努力去寻找正确的机会，而不是把时间花在思考、著述和阅读深奥的文章上。或许他应该涉足高收益市场，他的表现一定优于约翰那种目光短浅的交易员。

隐藏风险

塔利波试着通过研究社会地位的法则来减轻自己的妒意。心理学家卡尼曼和特韦尔斯基指出，大部分人宁可在别人赚 6 万美元时，自己赚 7 万美元，也不希望在别人赚 9 万美元时，自己赚 8 万美元。他想，经济学，谈的都是社会地位高低的问题。这样的分析没办法阻止他从绝对的而非相对的角度评估自己的处境。根据个人的学识，塔利波觉得自己在心态上也是宁可少赚一点钱，只要别人赚的更少。

塔利波认为，至少得找到一个约翰只是运气不错而已的证据，这样自己或许就不必搬离邻居的豪宅。约翰终有一天将自尝苦果。约翰似乎不知道他正承担着一个很大的隐藏风险，也就是“炸毁”的风险。他看不到这个危机，因为他的经验太少，也因为他眼光不够远，不知道应该去研究历史。粗鄙浅薄的约翰，怎能赚那么多钱？交易垃圾债券必须对赔率有所了解，也就是懂得如何计算这些稀有或随机事件的概率。这些傻瓜懂什么赔率？这些交易员使用“计量工具”来算赔率，但塔利波对他们使用的方法不屑一顾。涉足高收益市场，就好比在铁轨上打盹儿，终有一天下午，突如其来的火车会撞死你。一段很长的时间内，你可能每个月都赚钱，然而，你有可能在短短几个小时内，赔掉多年来累积利润的好几倍。1987年、1989年、1992年和1998年，他都曾见到期权卖方落到这种下场。某一天，这些倒霉蛋在魁梧的警卫陪同下走出交易所营业厅，此后再也没人看过他们的踪影。豪宅只会是个钱坑，约翰很有可能流落到新泽西州某个地方，向趾高气扬的新富推销豪华轿车。塔利波不可能“炸毁”。他那栋房子虽然没那么大，而且只摆了4 000本书，但那毕竟是属于他的，股票市场的波动不会害他失去房子。他的每一笔损失都很有限，身为交易员的尊严，绝不会遭到践踏。

在约翰眼里，塔利波是个小角色，眼高手低，拥有那么高的学历却一点用处也没有。塔利波从事的那一行已经成熟，但他正在走下坡路。这些“自营”交易员就要没落了，他们自以为比别人聪明，其实早已过气了。

运气与随机性

1998年9月，塔利波的看法终于被证明是对的。一天早上他出门上班时，看到约翰很反常地在前院抽烟。约翰没穿西装打领带，看起来很谦卑，平常那副神气活现的样子不复存在。塔利波马上就猜到约翰被炒鱿鱼了，却没想到约翰也几乎因此失去了一切。我们会在第五章谈到约翰赔掉了哪些东西。

塔利波为自己幸灾乐祸的心情感到内疚。见到竞争对手的不幸，人有时难免产生这样的心理，但他就是克制不住。这样的心理除了不厚道，据说还会带来厄运——塔利波有点迷信。但是这一次，塔利波由衷地感到高兴，不是因为约翰跌回原来的位置，而是因为自己的方法、信念和记录突然之间显得十分可靠。由于约翰的下场不可能发生在塔利波身上，所以塔利波往后大可靠他的记录向大众募集资金。这样的事情再发生几次，对他可是大大有利的。塔利波志得意满，部分原因也在于长期以来在成为人上人的压力下，他还能一直坚守自己的策略。另外一个原因是，当别人赚钱时，他不用再思考自己的交易手法对不对，因为是其他人误解了随机结构和市场的循环。

血清素与市场循环

我们能够根据一个人的表现和个人财富来判断他是否成功吗？有时可以，但不见得永远如此。接下来我会说明，在任一时点，不少杰出企业人士的表现，其实并不比随意掷出飞镖的结果好。更奇怪的是因为一种特殊的偏差现象，能力最差的企业人士反而赚足了钱，而且这样的例子比比皆是。不过他们不会用运气好来解释自己的表现。

幸运的傻瓜一点儿也不会认为自己可能只是运气不错而已——他们不知道自己属于这种人，他们的行为举止就像那些钱是他们该得的。一连串的成功使他们越来越盲目自大，以致他们自欺欺人，以为自己有能力击败市场——我们的内分泌系统并不能告诉自己是不是凭借运气才成功的。我们可以从他们的姿态中发现这一点：赚钱的交易员昂首阔步，走起路来虎虎生风，而且比赔钱的交易员更爱讲话。科学家发现，血清素这种神经传递物质似乎支配着我们大部分的行为。它会形成一种正面反馈，也就是良性循环，但如果随机产生的外部作用力出现了，其则可能引发反向的运动，造成恶性循环。曾有研究显示，注入血清素的猴子，在猴群中的地位会升高，而这又使它们血液中的血清素增加，直到良性循环中断，恶性循环代之而起。在恶性循环中，失败会导致猴子的社会地位滑落，而因此出现的行为，又使其社会地位进一步滑落。

同样，一个人有了好表现，不管那是必然的还是幸运女神眷顾的结果，都会促使他的血清素增加，而这又会导致他的所谓的领导统御能力得到提升，也就是说，这个人会“步步高升”。举止行为上一些细微的变化，例如能够冷静自信地表达个人意见，会使一个人看起来权威可靠，好像他赚那么多钱是应该的。细数他表现优异的原因时，随机的因素很少被谈到，直到它再次兴起，奋力一击，引发恶性循环。

人们常有个坏习惯：喜欢在社交场合问我的操作是否赚钱。如果我的父亲在场，他通常会制止他们，并说：“绝对不要问一个人是不是从斯巴达来的。如果是，他会主动让你知道这么重要的事；如果不是，你就伤到他的心了。”同样，绝对不要问交易员他有没有赚钱，从他的举手投足你就能看出来。内行的人都能轻而易举地判断某位交易员是赚钱还是赔钱，交易员的顶头上司能够一眼看出哪位下属的表现不好。从表情上不太能看出来，因为人们会刻意控制面部的表情。但是他们走路的方式、拿电话的方式、行为上的犹疑不决，能够传递大量的信息。

约翰被炒鱿鱼的那个早上，绝对失去了很多血清素（除非 10 年后研究人员发现是另外的物质控制着人类的行为）。芝加哥一位出租车司机曾经告诉我，他能够判断在芝加哥期货交易所（Chicago Board of Trade）附近上车的交易员的执业水平。他说："他们一上车就自吹自擂。"他能那么快就看出来，我觉得很有趣（也很神秘）。我后来从进化心理学找到了言之成理的解释：一个人的表现好坏会显露在外表上，就像动物的显性特征足以传递很多信息，赢家通常更容易被注意到，在择偶时这是很有意义的规律。

富有的牙医

结束这一章之前，我们先为后面要谈的抗拒随机性起个头。我们知道塔利波有钱，但按周围环境的标准来说，他不算"很有钱"。然而根据下一章将谈到的某种奇怪的结算方法，就他可能经历的各种人生的平均值而言，他是极为富有的，因为他在操作生涯中几乎没冒什么风险，他可能遇见的灾厄少之又少。他之所以不像约翰那么成功，是因为他不会像约翰那样冒被"炸毁"的风险。因此依照这种涉及概率性的独特财富计算法，他绝对是相当富有的。我们也知道塔利波设法保护自己不受稀有事件的冲击，要是塔利波必须重新经历他的专业生涯几百万次，那么碰上坏运气的次数一定很少，但由于生性保守，运气很好的次数也会非常少。也就是说，他会像钟表修理匠一样过着安稳的生活。当然了，我们只谈他的专业生活，不谈他可能多姿多彩的私生活。

我们也可以据此推论，牙医远比开着粉红色劳斯莱斯轿车的摇滚乐手、花天价购买印象派画作的投机客，或者收藏私人飞机的企业家富有。我们在讨论一项行业时，必须考虑那一行人士的平均值，而不是拿一个已经成功的人做样本。书末我们将从幸存者偏差（survivorship bias）的角度来谈这一点，但在第一篇，则从抗拒随机性的角度来探讨。

假设有两个邻居，马克本来当门卫，有天中了新泽西州彩票的大奖，于是搬到有钱人居住的社区。隔壁的戴维不是那么有钱，35年来一直当牙医，一天工作8小时。我们可以这么说：由于戴维的职业生涯单调乏味，假设他从牙医学院毕业后，人生必须重新来过好几千次，他可能遇见的情形仍然相当有限。最好的情况是，他会在纽约的公园大道替富裕的居民看牙齿，最坏的情况则是在卡茨基尔那种半荒废、满是拖车的城镇行医。此外，如果他毕业于非常有名气的牙医学院，他可能遇到的情况反而更少。至于马克，如果他必须重新经历100万次人生，那么他几乎会当100万次门卫，而且一直花钱买彩票，却怎么买都中不了大奖，他100万次人生中能有一次中新泽西州彩票的大奖就已很幸运了。

除了考虑观察得到的可能性结果，我们也应考虑观察不到的可能性结果，这样的想法听起来好像疯狂至极。在大部分人看来，概率是谈将来可能发生的事，而不是谈过去已经观察到的事件；已经发生的事件，是百分之百确定的。谈到这些观点时，许多人一味指责我把迷思和事实混为一谈。迷思，尤其是像梭伦的警语那种古老的迷思，所蕴含的力量可能远比纯事实强大，并能使我们有更多的感悟。

第二章

奇特的结算方法

那些成功人士其实只是转盘赌博中的幸运儿罢了，只是，他们的幸运究竟能持续多久？

首先我要老调重弹：不管是战争、政治、医疗还是投资，我们都不能以成败论英雄，而必须以“假如历史以另一种方式呈现”的另类成本来论成败。我们将这种以不同方式呈现的历史称为“另类历史”。我们不能单凭结果评价一项决策的优劣，但这样的观点似乎只有失败者才会接受，成功者总把成功归因于决策英明。也因此，即将下台的政治人物会一直告诉还肯听他们讲话的新闻媒体他们一路走来，都是选最好的路在走，听众听了，必会照例回答“是的，我们知道”，却使得失势之痛更加尖锐。和许多陈词滥调一样，我所说的话其理至明，但实际上奉行不易。

俄罗斯转盘

我们可以用下面的方式来说明另类历史的奇特观念。假设有个行为古怪且无聊的企业大亨，拿出 1 000 万美元和你玩俄罗斯转盘游戏，他准备了一把左轮手枪，在可装 6 发子弹的弹夹装上一发子弹，然后对准你的头扣动扳机。每次扣动扳机称作一段历史，因此总共有 6 段历史，每段历史的概率相同。其中的 5 段历史会使你发大财，而另一段历史则会导出一则死因难堪但很有创意的讣闻。问题是，你只能观察到一段历史，而且会有一些白痴记者对 1 000 万美元的赢家赞誉有加——这些记者就是会无条件赞誉《福布斯》（*Forbes*）杂志 500 强亿万富豪的那批人。我在华尔街 18 年，见过无数企业高层主管，依我之见，这些主管只是在面对随机出现的营运成果时，当个判官而已。一般人和这些主管没什么两样：只看到财富的表象，却不探究来源。俄罗斯转盘的赢家，也很可能被家人、朋友和邻居当作榜样。

虽然另 5 段历史我们无法看到，但聪明、肯动脑筋的人，却可能很容易猜到它们的属性。做这件事需要用脑筋去想，也需要有勇气。此外，如果赌转盘的傻瓜一直玩下去，不幸的命运迟早会降临到他身上。假设 25 岁的人一年玩一次俄罗斯转盘，那么他能活到 50 岁生日的机会十分渺茫。但是如果有很多人，比方说几千个 25 岁的年轻人都在玩这个游戏，那么应该会有少数人能够在年过半百时变得极其富有，而其他人则会成为一堆墓冢。我必须承认，俄罗斯转盘的例子，对我来说不只是知性的探索而已，在黎巴嫩战争期间，我有一位好友就因这种“游戏”而丧生，当时我们不过十来岁。除此之外，由于受到英国小说家格林谈他玩这种游戏的经历的影响，我对文学产生了浓厚的兴趣。他对我的影响，比我最近亲眼看见的实际事件还要深。格林表示，童年时期为了排遣无聊乏味的生活，曾经扣下左轮手枪的扳机。我为此吃了一惊，因为这至少有1/6 的概率会害我看不到他写的小说。

读者现在应能了解我另类的计算方式：玩俄罗斯转盘赚来的1 000 万美元，价值不同于靠辛勤努力和娴熟的牙医技术赚来的1 000 万美元。两者的金额相同，能买相同的东西，但前者的随机成分比后者高。对会计师来说，它们完全相同；对你的邻居来说，它们也一样。不过在内心深处，我总觉得它们的性质很不一样。这种另类的计算方式是很有趣的，且可以用数学来说明。下一章谈蒙特·卡罗发生器时，就可看清楚。请务必注意，如此运用数学，只是为了展示论点背后的直觉想法，不应被解读为设计的问题。换句话说，评估问题的属性，更重要的是去计算另类历史发展的后果。因此在这里，数学不只是“数字游戏”，更是一种思考方式。我们迟早会了解概率终究是个用来分析问题的定性手法。

现实中的风险游戏

现实生活比俄罗斯转盘邪恶多了。首先，它不仅常常射出要命的子弹，而且它的弹夹还可装几百发、几千发子弹，而不像左轮手枪最多只能装 6 发。试过几十次之后，我们便忘了里面还有许多颗子弹，而误以为自己很安全。本书把这类事称作“黑天鹅问题”，将于第七章讨论。这个问题和让一些探讨科学的哲学家辗转难眠的归纳法问题有关。它也和被称作拒斥历史（denigration of history）的问题有关，因为赌徒、投资人、决策者总是觉得，发生在别人身上的事情，不见得会发生在自己身上。

其次，俄罗斯转盘这类游戏的玩法非常明确，只要会 6 的乘除法的人都知道它们的风险。但一般人却看不到现实生活举起的枪管。生活中的陷阱很难通过肉眼观察到，因此我们可能在不知不觉中就玩上了披着其他事物外衣的俄罗斯转盘。我们看到有人赚取巨额财富，却没看清楚操作原理，因此不知道他们承担的风险，也没看到输家。这种游戏看起来容易得很，我们也玩得兴高采烈。

考虑随机性

每个人抗拒随机性的程度都是不固定的，一部分是因为它的逻辑和人们的直觉背道而驰，而更叫人困惑的是，我们看不到所有随机现象实现后的结果。不过我对它越来越感兴趣。当然我习惯以概率学的角度来判断事情：注意可能发生什么事，而且对观察到的事物抱持着肯定的态度。讨论这种概率问题时，我不建议请会计师参加。对会计师来说，数字就是数字。如果他对概率有兴趣，早就投身于比较需要内省的行业了，请这种行业的人来处理你的所得税申报书，一定会犯下代价很高的错误。

虽然我们看不到现实生活的转盘枪管，但有些人却勇于一试。人必须有一种特殊的心态才会那么做。我这一行的特色是极为仰赖随机性，我见过数百人来来去去，我不得不表示，受过一点科学训练的人，往往比较有成就。对许多人来说，这样的想法有如第二天性，原因不见得和他们所受因果关系的科学训练本身有关，而在于决定献身科学研究的这些人对知识往往具有根深蒂固的好奇心，以及内省的倾向，有些人由于没办法潜心研究范围狭隘的问题，不得不放弃科学研究，却因此特别擅长动脑筋思考。目前如果没有过人的求知欲，几乎不可能完成博士论文，而如果缺乏专精某一学科的欲望，则不可能走上科学生涯。然而专攻抽象概念的数学家和求知欲强烈的科学家两者的思维有所不同。数学家浸淫于进到他脑子里的东西，科学家探索的则是自身以外的世界。不过，关心随机性的人有可能做得太过火了。我见过专攻某些领域，例如量子力学的人，他们把随机观念推向极端，只见到历史的另类发展，却忽视实际真正发生的事。

有些交易员出乎意料地也考虑到随机性。最近我曾和劳伦在奥登酒吧共进晚餐。劳伦是交易员，当时正在看这本书的草稿。我们掷硬币决定由谁付账，我输了，只好乖乖掏腰包。他本来想道声谢，却突然改口说：“看了你的书，我想你一定会说，在概率上，这顿饭我付了一半的钱。”

因此我认为人分成截然相反的两类：一类绝不接受随机性，另一类则为随机性所苦。20 世纪 80 年代我刚踏进华尔街时，交易室里都是有着“商业取向”的人，他们普遍缺乏省思的能力，像松饼一样缺乏深度，很容易被随机现象愚弄。他们的失败率极高，尤其当金融商品的复杂性与日俱增时更是如此。市场中引进了一些很难捉摸的产品，像是某些奇特的期权，没办法，交易员只得靠过往从此行业积累的经验处理问题，所以处于那种文化中的交易员不懂得如何操作，他们纷纷中箭落马。我想，80 年代我在华尔街碰到的数百个 MBA（工商管理硕士）中如今仍守着旧习，不畏风险随机操作的人恐怕不多了。

科学家救星

20 世纪 90 年代有一些比较富裕且背景较为有趣的人出现，这使得待在交易室的乐趣远甚于从前，我因此不必一天到晚听 MBA 讲的那一套。许多科学家带着发财梦踏进这一行，其中有些人在他的专业领域中还是十分杰出的。他们又招聘了同样优秀的人进来，虽然这些人大多没有博士学位（事实上，博士仍属少数），交易所的文化和价值观却为之大变，变得更能接纳艰深的知识。由于金融商品的发展速度很快，华尔街对科学家本来就高的需求，这下子变得更为迫切。独领风骚的专业领域是物理，但也可以看到各种计量背景的人才。

带有俄罗斯、法国、中国、印度口音的人开始挤满纽约和伦敦。据说从莫斯科起飞的每一班飞机上，至少后排都坐满了要飞往华尔街的俄罗斯数学物理学家——他们缺少讨生活的能力，所以买不到好座位。带个翻译（非带不可）到肯尼迪机场走一趟，随便找几个这种类型的人谈一谈，一定可以用很低的薪水请到其中一些人来为你效力。20 世纪 90 年代末，真的能以 MBA 一半左右的薪水，请到受过一流科学家训练的人才来为你做事。人们常说，营销即一切，这些人根本不懂得如何推销自己。

我非常偏爱俄罗斯科学家，他们中许多人甚至可以担负国际象棋教练这样的工作，我就在其中找到了一位钢琴老师。此外，他们的这些特长在面试时很有用。MBA 应聘金融交易职务时，常在履历表上夸称自己“擅长”下棋。记得沃顿商学院的 MBA 职业生涯顾问曾经建议我们广为宣传自己的棋技，“因为这会让你们听起来很聪明而且极富战略思维”。MBA 通常把自己略懂下棋规则夸赞成“很会下棋”。为了确认应聘者所说是否属实，以及人品如何，我们会从抽屉里取出一副国际象棋，告诉应聘者：“等一下尤里会来和你较量一下。”听到这句话，应聘者的脸色总是立即转白。

这些科学家的失败率低于 MBA，不过只是略低一些，因为平均而言（也只是平均而言），他们连一点实务上的智慧也没有。有些出色的科学家完全缺乏生活技能和社会礼仪，但不是每个人都这样。许多人能以极其严谨的态度解决最复杂的方程式计算问题，却没办法解决现实生活中最简单的问题；他们好像知其然，却不知其所以然，不了解数学的精神为何。

我认识一位讨人喜欢的俄罗斯人，他拥有两副头脑，一副用于解决数学问题，另外一副则差很多，用于解决其他所有事情，包括和财务数据有关的问题。不过我偶尔能见到思维敏捷，拥有生活智慧的科学家。姑且不论这些人在哪些方面有贡献，由于他们，我们的棋艺进步了，午餐时的谈话品质大为提升，用餐时间也因此拉长许多。20 世纪 80 年代时，和 MBA 或拥有税务会计背景的同事聊天时，他们总是会就财务会计标准委员会（FASB）制定的标准夸夸其谈。但我得说，他们的兴趣实在缺乏感染力。这些物理学家叫人感兴趣的地方，不在于他们有能力讨论流体力学，而在于他们对各类知识性话题自然而然流露出的兴趣，和他们谈话让人觉得愉快。

当心“高手”

读者可能已经猜到，我所持的随机性见解害得我在华尔街做事时，没办法和一些同事相处融洽。你可以在本书间接看到我的许多同事，我最悲惨的遭遇是遇到了几个不幸当上我顶头上司的人。我曾遇到过两个老板，他们各方面的特质几乎全然不同。

我把第一位称作肯尼，他是住在市郊的典型顾家男人，他会在周六上午充当足球教练，周日下午邀请妻子的家人一起烤肉。他的外表会让人放心地把积蓄交给他去投资，虽然在公司赖以成名的金融衍生产品方面一窍不通，他却蹿升得很快。但他太过正经八百，听不懂我的逻辑。1993 年，欧洲债券市场出现多头走势，他的交易员表现很好，我却嗤之以鼻。我曾经公开表示，他们的表现不比乱枪打鸟的结果好，这令他很不高兴。我试着向他解释本书第二篇将讨论到的“幸存者偏差”的观念，却徒劳无功。后来，他手下的交易员全都离开这一行去“追求其他兴趣”，他自己也走了。他看起来冷静慎重、有话直说，懂得如何在交谈时让对方轻松自在；他能言善道，运动员般的体格让他特别抢眼；他谈吐优雅，而且善于聆听。他凭借个人魅力，赢得了董事长的信任，但我却难掩轻蔑之意，最大的原因是他听不懂我讲的话。尽管他看起来相当保守，但实际上却是颗完美的定时炸弹，滴答作响。

第二位我叫他帕特里斯，和肯尼形成鲜明的对比，他是个喜怒无常的法国人，脾气火暴、性子很急。除了对为数不多的手下爱将网开一面，他的拿手好戏是让部下的日子很难过，并经常处于焦虑状态。我被训练成乐于冒险犯难的人，他的功劳很大。很少人有勇气像他那样，只关心发生器，完全不顾成果。他拥有梭伦般的智慧。我们可能以为拥有这种个人智慧，以及了解随机性的人，会过着单调乏味的生活，其实不然，他的生活多姿多彩。

肯尼总是穿着保守的深色西装和白衬衫，唯一纵容自己的，是打一条艳俗的爱马仕领带。帕特里斯却不一样，他打扮得像只孔雀：蓝衬衫、缝满华丽俗气丝质大口袋的彩格运动外套。他不是顾家型的男人，很少在中午以前来上班，但我敢说，他一定会把工作带到你想象不到的地方去做。他常在凌晨3点从纽约的高级夜总会瑞金打电话把我吵醒，讨论我负责的项目中无关紧要的细节。他略微发福，却似乎很有女人缘，常在中午时分不见人影，一连几个小时都不见踪影。以住在纽约的法国人来说，养成经常洗澡的习惯可能是他的优点。最近有一次，他找我去讨论紧急公务，时间在下午，而地点竟然选在巴黎一个没挂招牌的奇怪“俱乐部”。文件散落在他面前的桌上，他轻啜香槟，左拥右抱着衣着暴露的两位美女。很奇怪，他竟然让她们参与谈话，好像她们也是被请来开会似的。他甚至请其中一位美女帮他接听响个不停的手机，以免我们的谈话被打断。

像只花蝴蝶般的这个人，非常喜欢冒险，这点直到今天仍叫我惊诧不已。他脑子里经常盘算着如何冒险，而且事先设想可能发生的每一件事情。他设想有一天飞机可能撞进办公室，一定要我为这件事拟妥替代计划。我回答说，在这种情况下，我对他部门的财务状况不会产生兴趣，结果引得他勃然大怒。他是恶名昭著的好色之徒，喜怒无常，一时动怒就炒人鱿鱼。不过他愿意听我说话，也了解我讲的每一句话，并且鼓励我更加努力地研究随机问题。他让我留意可能导致投资组合炸毁的无形风险。他十分尊重科学，在科学家面前毕恭毕敬，这事并非巧合。在我们共事之后约10年，他出人意料地出现在我的博士论文答辩会场，坐在会场后面对我微笑。

肯尼长袖善舞，懂得怎么在公司一层层往上爬，他到最后被迫离职前已经登上高层位置。而帕特里斯则没有那么愉快的职业生涯，这件事教会我在庞大的金融机构中的自处之道。

许多自称“结果导向”的人，被问到并未发生的历史，而不是实际发生的历史时，总是紧皱眉头。对于力求在商场“出人头地”、正经八百的人来说，我的语言，以及我个性上的一些特质听起来很奇怪，难以理解。我的论点似乎触怒了很多人，这点令我觉得很有趣。

肯尼和帕特里斯的鲜明对比，并不是职场中的巧合。务必小心提防挥霍无度、“懂生意经”的人，因为市场上筑起的坟墓中，躺着的多是自称重视“财务盈余”的人。他们平时看起来像是“宇内高手”，但突然间会脸色苍白、气急败坏、谦逊卑微，垂头丧气地前往人事办公室，讨论解雇条件。

有违直觉的真理

现实主义者会遭到沉重的打击，概率怀疑论者的下场则更糟。戴着概率的眼镜过日子很辛苦，因为你会在各式各样的状况中，看到身边到处是执着于自己认知中的假象的傻瓜。

我们很难想象亚历山大大帝或者恺撒在发生的历史中只打胜仗，却在未曾发生的历史中吃败仗。我们能够听到他们的大名，只是因为他们和其他成千上万的人一样，冒了很大的风险，最后碰巧取得胜利。他们十分聪明、勇敢、高尚，拥有当时的最高文化水平；但是其他数以千计、活在不显眼的历史脚注中的人物也是如此。他们打了胜仗，这一点我没有异议，我唯一有异议的地方，是胜利和他们处事的策略有关的说法。

最近重读《伊利亚特》(*Iliad*) 叙事诗，我的第一印象是，叙事诗人并没有以成败论英雄。英雄打胜仗或败仗，和他们本身的英勇行为完全无关；他们的命运完全取决于外部的力量，而这通常是命运之神的杰作。英雄之所以是英雄，是因为他们的行为十分英勇，而不是因为战场上的成败。帕特洛克勒斯（Patroclus）不是因为他的成就而被视为英雄（他很快就被杀了），而是因为他宁死也不愿见到阿喀琉斯因愤怒而失去行为能力。叙事诗人显然了解未发生的历史。后来的思想家和诗人找到了处理随机性的更巧妙的方法，斯多葛哲学就是如此。

收看新闻节目有时会叫我跺脚，主要是因为我不习惯，而且面对会动的影像时，我会变得很情绪化。我成长的过程中并没有电视机，直到快 30 岁，我才学会操作电视机。从媒体人威尔访问希勒教授的例子，可以看出拒绝考虑历史另类发展的危险性。威尔是“评论家”，评论的主题范围很广。希勒以畅销书《非理性繁荣》(*Irrational Exuberance*) 而闻名，但在行家眼里，他最为人称道的则是他从严谨的数学角度表现的对市场随机结构和波动性的深邃见解。

这段采访可以见证新闻媒体为迎合我们严重曲解的常识和偏差，而展现的强大破坏力量。据说威尔非常有名且极受敬重，他甚至可以算得上博学多闻，他所从事的行业，在大众印象中是聪明人才能进入的行业。相比之下，希勒十分了解随机性，论证严谨，但观众不觉得他有那么聪明，因为他研究的课题和人类直觉大相径庭。很久以来，希勒一直表示股票市场的股价过高。威尔采访希勒时指出，要是人们以前听信他的话，现在就惨了，因为从他开始宣称股价过高以来，股价上涨了一倍有余。对于对方的新闻用语和言之成理却没有意义的说法，希勒招架不住，只能表示：不应对单单一个市场预言错误大做文章。希勒是个学者，而不是预言家，或在晚间新闻里评论市场动态的新闻人员。要是接受访问的是约吉·贝拉，他不会那么好欺负，他会妙语连珠地反击。

希勒不懂得怎么把自己的观念浓缩成无趣的新闻用语，我不知道他上这种电视节目是要做什么。当市场已失去理性，别以为它不会变得更不理性，这样的想法显然被认为是愚不可及的。但希勒对市场理性的见解，并没有因为预测市场错误而变得无效。因此我忍不住将威尔之流看成我职业生涯中无数噩梦中的代表人物。在这些噩梦中，我试着阻止别人为了 1 000 万美元去赌俄罗斯转盘，结果遭到威尔之流的公然羞辱，他们说要是别人听了我的话，一定会少赚很多钱。不过，威尔说出这些话并非临时起意，他写了一篇文章专门探讨希勒的错误“预言”。根据转盘转出的结果做预测或抨击预测的倾向，正好显现我们缺乏能力，没办法应对现代世界中存在的复杂随机事件。预言属于“混为一谈表”中的右栏，预测则属于左栏。把预测和预言混为一谈，正可显现人们对随机性的无知。

常识不过是错误看法

另类历史的观念显然不为人类直觉所接受，一切有趣的事情都出自那里。首先，我们的本性并不善于了解概率，本书将一再讨论这一点。在这里，我只指出，研究大脑运作的科学家相信，数学上的真理对我们的心智来说并没有太大的意义，在检验随机的结果时更是如此。大部分概率的结果完全违背直觉，我们会看到许多这类例子。新闻记者靠迎合大众的一般认知为生，既然如此又何必跟他们计较？我每一次公开讨论市场问题时，都被威尔之流以更动听、更容易理解的论点羞辱，然而过了很久之后事实总是证明我才是对的。我不否认，论点应该尽可能力求精简。但是复杂的观念没办法简化成新闻媒体喜欢的表达方式时，人们就以为提出那些观念的人本身也混淆不清。MBA 知道事情应该力求清晰和简单，所以半吊子经理人大行其道。这种观念或许适用于肥料工厂的经营计划，却不适合用来讨论概率问题，因此我这一行有不少 MBA 在金融市场中“炸毁”的故事，因为他们根据所学，省略了必要的几个步骤（MBA 读者请不要生气，我本人也不幸地拥有 MBA 学位）。

请不要把正确性和可理解性混为一谈。人们通常更易接受可以很快解释清楚和“一言以蔽之”的事物，在许多领域中这还被当作定律。我上法国公立小学时，学到了这句格言：

> 容易理解的事情，也容易表达清楚，

说起来不费吹灰之力。

长大后我身为随机性的实践者，发现如诗般的格言竟然大谬不然，读者可以想见我的失望之情。前人的智慧不见得正确，我必须费很大的劲，才能不被动听的话牵着鼻子走。我提醒自己，爱因斯坦说过，常识不过是 18 岁以前学得的一大堆错误看法。此外，谈话中、会议里，尤其是新闻媒体上听起来很有智慧的话，都是值得怀疑的。

展读科学史，可以看到科学所证明的聪明事，初次发现时几乎都被视为愚蠢疯狂的举措。若在 1905 年时向伦敦《泰晤士报》（*Times*）的记者解释“一个人行进时，时间会变慢”的观念，对方会有什么反应？连诺贝尔奖委员会也没有颁奖给爱因斯坦，以表彰他在相对论上的洞见。向没学过物理的人说，宇宙中有些地方根本不存在时间，他们能接受吗？向肯尼解释，虽然他的明星交易员帮他赚了很多钱，但我却有充分的论据向他证明他处于危险的境地，他会有什么样的反应？

风险管理经理

企业界和金融机构最近创设了一个叫作风险管理经理（risk manager）的奇怪职位，风险管理经理负责确保公司不会玩俄罗斯转盘玩得太过火。这些公司显然吃过很多亏，因此想找办法避免这种情况的发生。虽然从事金融操作比较有趣，但我的许多非常聪明的朋友，包括帕特里斯，却被这种职位所吸引。重要且有趣的是，风险管理经理平均赚到的钱比交易员多，要是把被淘汰出局的交易员也算进来，优势就更明显了。不过风险管理经理的工作听起来很奇怪，我们说过，现实生活中的风险是很难看到的。风险管理经理的力量相当有限，他们没办法阻止赚钱的交易员不冒风险，因为事后回顾，身边总有威尔之类的人会指责他们使股东失去了宝贵的赚钱机会，另一方面，假使交易员因操作不慎而“炸毁”，他们又得承担责任。那么，该怎么办?

于是他们玩弄起政治手段，为了保护自己的饭碗，只好发出措辞模棱两可的内部备忘录来对冒险活动提出警告，但不能十分露骨地谴责那种行为。就像医生常在两类错误之间饱受折磨，一类是告诉病人他罹患癌症后发现是误报（false positive）；另一类是告诉病人他很健康后发现是罹患癌症的漏报（false negative）。他们需要在两者之间取得平衡，因为医生这一行本质上无法同时避开这两种错误。我很久以前就解决了这个问题，方法是同时出任风险经理和交易业务的主管。

结束这一章之前，我要谈谈我应付金融随机现象过程中的一个基本矛盾。依定义，我一定会和别人唱反调，因此我的风格与方法不太受欢迎也不容易理解，这不足为奇。但是我的工作是为别人管理钱财，而且这个世界也不是只有喋喋不休、不合逻辑又没钱投资的新闻人员。因此我打从心底里希望一般投资人依旧是不了解随机性的傻瓜，这样我才能和他们作对，但仍有少数一些聪明人，觉得我使用的方法很有价值，愿意拿钱让我投资。我承受的最大风险是操作得太成功，因为这表示我这一行即将消逝。这真是个奇怪的行业。

第三章

从数学的角度思考历史

历史存在着多种可能，我们不能为历史的一小段过程所迷惑，而要在较大尺度的历史范围内考察一切。

欧洲花花公子的数学

纯粹数学家给人的刻板印象是面无血色、胡须蓬乱、指甲不修，悄无声息地埋首在书籍堆积如山、杂乱无章的书桌上。他挺着啤酒肚、肩膀消瘦，在脏乱的办公室里沉浸于工作中，对混乱的环境视若无睹。他讲起英语时带着浓重低沉的东欧口音。吃完东西时，碎渣总是残留在胡子上。随着时间的流逝，他日益沉迷于探索纯粹定理和越来越抽象的概念。美国民众不久前见识到的“大学炸弹客”（unabomber），就是带有这种特征的人。这位数学家留着大胡子，隐遁在简陋的小屋中，努力研究如何杀害推广现代科技的人。没有一位新闻记者能够描述他的论文《复数边界》（*Complex Boundaries*）中的内容，因为找不到可以让我们理解的类似事物，–1的平方根是个复杂、完全抽象的假想出的数字，在数学世界以外的地方，找不到相类似的东西。

蒙特·卡罗这个名字，让人联想起皮肤晒得黝黑的欧洲都市花花公子，他在地中海的微风中走进赌场。他擅长滑雪和打网球，但也能专心下国际象棋和打桥牌。他开着灰色跑车，穿着笔挺的意大利手工制作西装，谈起琐碎但真实、新闻记者能以简洁的句子向一般人描述的事情时，他的措辞审慎且流畅。在赌场内，熟悉赔率的他心思敏捷地算牌、郑重其事地下注，他可以在头脑中算出最适当的赌注金额是多少。他可能是007邦德失散多年但更聪明的兄弟。

现在每当我想到蒙特·卡罗方法，总会很愉快地把以下两者结合在一起：蒙特·卡罗务实但不浅薄的态度，以及数学家不过度强调抽象概念的直觉。这门数学的分支，确实有很高的实用价值，而且少了数学常见的枯燥无味，我从当上交易员的那一刻起，就迷上了它。在和随机性有关的大部分事物上，它对我的想法影响很大。本书使用的大多数例子，都是用我的蒙特·卡罗发生器创造出来的。不过，那是一种思考方式，而不是计算方法。数学主要是用来冥思的工具，而不是计算的工具。

处理不确定性的工具

上一章所讨论的另类历史的概念，可以大幅延伸，并在技术上做种种改良。这就会谈到我这一行用来处理不确定性的工具。简而言之，蒙特·卡罗方法是用以下所述的概念创造人为的历史。

首先来谈样本路径（sample path）。历史的不同发展有个学术名称，叫作替代样本路径，这个名称是从被称作随机过程（stochastic processes）的概率数学得来的。路径的概念和结果不同，它不是MBA式的情境分析，而是探讨随着时间流逝而出现一连串可能的情境。我们不只关心明天晚上鸟儿会栖息在哪里，也关心明天晚上之前，它可能歇脚的所有地方。我们不关心比如说一年后投资人的财富有多少，但关心这段时间内他财富的起伏情况。样本一词强调的是，我们只能观察到一大堆可能结果中的一个。样本路径可能已经确定，也可能是随机的，因而有以下的不同。

一条随机样本路径在数学层面称作一个随机序列（random run），这些虚拟历史事件起于某一日期，止于另一日期，不同的地方在于它们受程度不等的不确定性影响。但是虽然名为随机，却不表示这些事件序列发生的概率相同。有些事件出现的概率高于其他事件。

你的探险家堂弟不久前感染伤寒，从开始染病到痊愈，每个小时对其测量体温，这便是抽取随机样本路径的例子。我们也可以针对你喜爱的科技股，记录它每天的市场收盘价格，如此持续一年。

在某一情境中，它的原始价格可能是 100 美元，一年后的价格是 20 美元，但最高价曾经达到过 220 美元。在另一情境中，一年后它的价格是 145 美元，其间曾经跌到过 10 美元的最低价。你某天晚上在赌场的钱财进出又是另一个例子。你的口袋里本来有 1 000 美元，每 15 分钟数一次。在某个样本路径中，半夜时你拥有 2 200 美元；另一个样本路径中，你只剩下 20 美元，勉强能叫辆出租车回家。

随机过程是指随着时间的流逝，各种事件纷纷出现的动态过程。stochastic 一词是 random 的希腊文，概率论的这一分支的研究对象是连续性随机事件的演变过程，我们可称之为历史的数学。一个过程的关键，在于它含有时间因素。

蒙特·卡罗发生器是什么东西？不妨想象你不必找木匠，就能在阁楼里复制一具完美的转盘。我们可以用计算机程序来仿真任何事情，它甚至会比木匠做的转盘更好而且更便宜，因为实体转盘本身的斜度或者阁楼地板倾斜可能会使某个数字特别容易出现，这称作偏差（biases）。

蒙特·卡罗发生器是我成年之后见过最像玩具的东西。我们可以靠它产生数千或数百万个随机样本路径，并观察其中的一些特征。计算机对于这种研究有帮助。冠上蒙特·卡罗这个迷人的名字，暗示其虚拟赌场的方式模拟随机事件。我们可以设定一些条件，使这些事件类似于现实生活中常见的状况，然后针对它们产生一堆仿真结果。即使不懂数学，我们也可以用蒙特·卡罗方法，仿真一位 18 岁的黎巴嫩基督徒连续玩俄罗斯转盘的结果，然后观察有多少次他会致富，或者平均多长的时间他会一枪毙命。我们可以把弹夹改成能装 500 发子弹，以降低死亡的概率，之后再观察结果将如何。

蒙特·卡罗仿真法是研制原子弹时在洛斯阿拉莫斯实验室中发展出来的，其于 20 世纪 80 年代在财务数学领域流行起来，特别适用于探讨资产价格的随机漫步理论（random walk theories）。我们不得不说，俄罗斯转盘的例子不需要这种装置，但是许多问题，尤其是和真实生活状况类似的问题都需要借助蒙特·卡罗仿真法的力量解决。

蒙特·卡罗数学

“真正的”数学家不喜欢蒙特·卡罗方法，这的确是事实。他们认为蒙特·卡罗法剥夺了数学的巧妙技巧和优雅。他们称它为一种“蛮力”，因为我们可以用蒙特·卡罗仿真法（以及其他的运算花招）取代一大部分的数学知识。比方说，没有正式学过几何学的人，也能算出神秘如谜般的圆周率 π。怎么算？你可以在一个正方形内画个圆，然后就像在游乐场那样对着这幅图胡乱举枪射击。详加记载射到图上任何一点的概率，即均匀分布（uniform distribution）。圆圈内的弹孔数与圆圈内外所有的弹孔数的比率便是圆周率的倍数。用计算机这样计算圆周率问题，显然不是很有效率的做法，因为圆周率可以通过解析的方法，也就是数学的方式计算，但是和一行行的方程式比起来，这种方法能够给使用者更直接可见的印象。有些人的大脑和直觉，适合通过这种方式去了解某些事情，我也算是其中一个。对我们人类的大脑来说，计算机或许不是很自然的东西，但数学也一样。

我不是一个天生的数学家，换句话说，我不是使用数学如使用母语的人，所以我讲起数学来带有“外国口音”。我对数学的性质本身不感兴趣，只对它的应用感兴趣，但是数学家感兴趣的是如何通过定理和证明来拓展数学知识。除非我需要解决某些实际问题，否则我没办法专心去解一个方程式。因此我的所知大多来自衍生性金融商品的交易——期权促使我去研究概率数学。许多好赌成性的人，智力本来只属中等，却在贪念驱使下，掌握了惊人的算牌技巧。

我们也可以用语法来打比方。数学往往像是冗长乏味且无法洞测的语法。有些人只对语法本身感兴趣，也有人只是想在写文章时不犯语法错误。我们被人称作“数字专家”（quants），就像物理学家一样，我们感兴趣的是如何运用数学工具，但对工具本身并不感兴趣。数学家是天生的，绝不是后天养成的。物理学家和数字专家也是天生的。只要能得到正确的结果，我才不管使用的数学够不够“优雅”、有“品质”。只要可以，我就会利用蒙特·卡罗发生器，它能帮助我完成工作，教育效果也好得多。所以本书会用它来解说各种例子。

事实上，概率是个发人深省的研究领域，因为它影响着多种学科，尤其是所有科学之母，也就是知识。如果在知识累积过程中不考虑随机性，那么我们将无法评估所累积知识的品质。科学是以完全相同的方式对待概率和信息的。几乎每位伟大的思想家都曾涉猎概率理论，而且大部分人都为之着迷不已。

爱因斯坦和凯恩斯是我心目中两位最伟大的思想家，他们在追求知识的旅程之初都曾借重概率理论。爱因斯坦于1905年发表了一份重要的论文，谈的是静态液体中悬浮粒子的演变，可以说是他率先从概率的角度探讨连续性的随机事件。他探讨布朗运动理论的论文，可以作为建构财务模式所用的随机漫步理论的骨干。至于凯恩斯，在文人眼里，他不是穿着花呢套装的左翼分子喜欢引述的政治经济学家，而是经典之作《概率论》（*Treatise on Probability*）的作者。凯恩斯踏进晦暗的政治经济学领域之前，是研究概率的学者。他也拥有其他有趣的特质，在体验过巨富之后，他操作自己的账户却遭“炸毁”——由此可见懂概率的人，未必能在生活中利用好概率。

读者一定猜想得到，探索概率的下一步，是进入哲学的层次，尤其是研究知识哲学分支的知识论、方法学，或者科学哲学。它们因波普尔和索罗斯等人而普及开来。

历史的意义

制造虚拟历史

20世纪90年代初，我和计量财务领域中的许多朋友一样，也迷上了各种蒙特·卡罗发生器。我学会自己去制造这些发生器，并因感受到自己有如造物主般正在创造历史而颤抖不已。制造虚拟历史，并且观察各种结果的分布情形，是很叫人兴奋的事情。从分布情形，可以看出抗拒随机性的程度。我因此觉得，选上这一行真是叨天之幸。身为计量期权交易员，我将近95%的时间是闲暇的，我可以花在思考、阅读、研究上，我也可以前往健身房、滑雪场，我甚至可以在公园的坐椅上“思索”，只因这样效果更好。我也享有特权，可以经常在设备完善的阁楼里“工作”。

计算机革命带给我们的好处，不是排山倒海而来的电子邮件和网上聊天室，而是每分钟能够创造100万个样本路径的处理器。前面谈过，我不喜欢去解数学方程式，也不擅长此道。我比较会列方程式，而不是解方程式。突然之间，我的引擎让我能够不费吹灰之力就解开最棘手的方程式，几乎没有它解决不了的难题。

仿真市场

我的蒙特·卡罗发生器带我进行了一些有趣的冒险活动。就在我的同行专注于新闻题材、中央银行公告、盈余报告、经济预测、运动比赛结果，以及办公室政治之际，我却开始悠游于财务概率本行的相关领域。对业余者来说，进化生物学（evolutionary biology）是很自然的涉猎领域，因为它传达的信息具有普遍性，也可以应用在市场上。我开始仿真在气候变化下，一种称作佐葛鲁伯

（Zorglubs）的动物迅速发生突变后的数量，并且得到了一些出人意料的结论。其中一些结果将于第五章说明。我只是个业余爱好者，纯粹是为了排遣工作上的沉闷无聊而做这件事的，我的目的只是为这些事件提出一些符合直觉的看法，因此不像专业研究人员那般对复杂之事不厌其烦。我也玩分子生物学：创造随机产生的癌细胞，并且观察它们在进化上的一些惊人变化。创造佐葛鲁伯的目的，是仿真在不同的市场状况（市场大涨和大跌等）中，“白痴牛”、“冲动熊”和“审慎型”交易员的行为，并且探讨短期和长期内他们的存活能力。在这种结构下，因为市场大涨而致富的“白痴牛”交易员，会利用他们赚到的钱去买更多的股票，从而把股价推得更高，直到最后赔个精光。而看空的交易员很少能如愿以偿地在涨势转为跌势时赚上一笔。我的模式显示几乎没人最后能够赚到钱，因为音乐一停，账面上的利润也会消失不见。但有个例外：交易期权的一些人（我称他们为期权买方）拥有惊人的持久力，而且我也想成为其中的一员。何以至此？因为他们可以购买保险，以防“炸毁”。他们晚上能够一觉睡到天亮，因为他们知道，如果职业生涯受到了威胁，也不可能是一天造成的。

如果本书的基调看起来带有达尔文进化论的味道，那么这绝不是正式研究自然科学的结果，而是来自我的蒙特·卡罗仿真法所蕴含的进化式思想方式。

我必须承认，每次我想要探索某个观念时，总会情不自禁地去创造随机序列。这么多年来，借由蒙特·卡罗发生器，如果不参考未出现的结果，我无法看懂那些已经出现的结果。我把这叫作“在历史之下求和”（summing under histories）。这个概念借自物理学家费曼探讨量子力学时的说法。

利用我的蒙特·卡罗发生器去制造和重新制造历史，令我想起20世纪60年代和70年代罗布–格里耶等作家所写的实验小说（所谓的新小说）。这些作者撰写和修改相同的一章，每一次都改变情节，就像是创造一个新的样本路径。作者不受自己过去所塑造的状况束缚，而且可以随意回头去修改小说的情节。

向未来学习

我们基于蒙特·卡罗的观点，再谈一件和历史有关的事。有关梭伦等的古典故事中的智慧激励我花更多时间和古典历史学家为伍，尽管梭伦的警语等故事是时间错置的结果。不过这种做法有悖常情，因为以历史为师不合人类的本性；现代市场一再出现架构相同的涨势和跌势，正可见证这一点。我谈的历史是指趣闻逸事，不是正经八百的历史理论或者历史主义。后者试图在历史的演变过程中发现某些定律，据以形成理论，并且解释各种事件。这是黑格尔哲学和伪科学的历史主义。我只在自己想要的感觉层次上，让蒙特·卡罗方法通过过去的事件，影响我的思考方式，我窃取别人的观念，并善加利用，同时矫正自己心理上的缺陷，以免阻碍我向别人学习。我希望培养起对前人的尊重，强化我对银发族本能的敬畏，但在我的交易员生涯中，这样的敬畏逐渐淡化，因为在我这一行，年龄和成功已经逐渐脱钩。我以历史为师的方法其实有两种：阅读前人的事迹，向过去学习；利用我的蒙特·卡罗玩具，向未来学习。

拒绝历史

如同前述，我们的本性不擅长以历史为师。我们有足够的证据，显示身为直立人的我们，天赋的本能不利于经验的传承。有句老掉牙的话说，只有在犯错后孩子才能学会某些事情。只有手被烫伤，他们才不会再去摸发烫的火炉。别人再怎么苦口婆心地告诫，他们也不会产生一丁点儿小心谨慎之意，大人也有类似的毛病。行为经济学的开路先锋卡尼曼和特韦尔斯基在研究人们选择高风险的医疗方法时，曾经探讨过这件事。我本人也很懒得去做身体健康检查和疾病预防。也就是说，我拒绝根据从别人身上计算得出的概率，推测自身的风险，我认为自己和别人不同，只在一有病痛时，才积极求医问诊；被烫伤时，则会反应过度。这并不是处于不确定状况下的理性行为。天生拒斥别人经验的并不只有孩子和我，企业决策者和投资人也受到相当大的影响。

据我所知，拒斥历史的所有同行，后来都惨遭“炸毁”，而且我还没碰到过幸免于难的这类人。但有趣的不是这件事，而是他们使用的方法有相当惊人的相似性。我注意到，1987 年股市崩盘时“炸毁”的人、1990年日本金融市场大跌时“炸毁”的人、1994年债券市场惨跌时“炸毁”的人、1998年在俄罗斯“炸毁”的人，以及2000年购买纳斯达克股票而“炸毁”的人，他们彼此之间有很多相似的地方。他们全都宣称“这次不一样”，或者他们的市场“不一样”，而且提出在经济层面言之成理的说法，用以证明他们的看法没错。他们无视了就摆在眼前的别人血淋淋的经验，以及每家书店都有的详述崩盘惨景的著作。除了这些，我也见过数以百计的期权交易员因为愚蠢的行为而被迫退出这一行。他们的行为和我对身体健康检查与疾病防治的态度没有两样。每个人都相信自己与众不同，等到被诊断罹患疾病时才大感震惊地说：“为什么是我？”

我们可以从不同的角度来谈这件事。专家称这类贬抑历史的某种表现形式是历史决定论。简而言之，他们认为，当创造历史的时刻来到时，他们自会知道。他们相信那些亲眼看见1929年股市崩盘的人知道自己正活在重大的历史时刻，而且万一这种事件重演，他们也会知道。他们的生活被塑造得像一部冒险电影，他们会事先知道将有大事发生。很难想象见证历史的人，当时不知道那个时刻有多重要。然而，不管我们再怎么尊重历史，也无法将那种尊重之情转化成处理当下问题的工具。

从巨富到赤贫

我喜欢梭伦的故事还有另一个理由。我想起在小亚细亚同一块土地上发生的故事：我的祖先曾在一代之内，经历巨富和赤贫，其间转折之大，在我身边生活日渐改善的人看来，实在匪夷所思。我周围的人极少曾经遭逢家庭变故（除了历经经济大萧条之外），也缺乏充分的历史感，不懂得省思以往的种种。对于像我这种背景的人，也就是信奉东正教的遭入侵的东罗马帝国的公民，我们的灵魂似乎记得约在 500 年前那个悲惨的 4 月天，君士坦丁堡在土耳其人的入侵下失陷，而我们便成了灭亡帝国的失落子民，以及伊斯兰世界中非常富有的少数族群——不过这些财富朝不保夕。此外，我脑海中还有我那庄严祖父鲜明的形象，他当过副总理，而我的曾祖父也曾是副总理。祖父目前住在雅典附近格里法达一栋乏善可陈的公寓中，他的财产已在黎巴嫩内战期间毁于战火。顺便提一下，由于曾经遭受战争的蹂躏，我发现毫无尊严的赤贫，比身体上受到的伤害更难忍受。我宁可有尊严地死去，也不愿苟延残喘。我敢说梭伦忧虑王国的覆灭甚于个人生命的安危。

历史观有个重要的层面，或许非常适用于市场。和许多“硬”科学不同，历史没办法做实验。但整体而言，中长期内历史有能力展现大部分可能的情境，而把坏蛋埋葬起来。金融市场上经常有人说，坏操作迟早会让你尝到苦头。概率数学给了它一个漂亮的名称：遍历性（ergodicity）。大致而言，它的意思是说，在某些情况下，众多非常长的样本路径最后看起来会彼此相似。而一条非常、非常长的样本路径的性质，类似于许多较短路径平均值的蒙特·卡罗性质。第一章谈过有位门卫赢得彩票大奖，但是即使他活上

1 000 年，我们也不会预期他会再中头彩。拥有一身好本事却穷困潦倒的人，最后一定会爬上来。幸运的傻瓜可能得益于生命中某一阶段的好运气，但是长期而言，他的处境会慢慢趋近于运气没那么好的白痴。每个人都会向长期的性质靠拢。

提炼后的思想

有毒的信息

我讨厌新闻记者，看威尔对待随机结果的态度就知道了。接下来我要说明蒙特·卡罗玩具教我如何吸取提炼后的想法。所谓提炼后的想法指的是把身边的信息去掉无意义的成分，留下有趣的东西，之后根据这些信息总结成的想法。关于噪声和信息的不同，我们可以拿新闻和历史来做比较。为了出人头地，新闻记者应该像历史学家那样看事情，并且淡化他所提供信息的价值，比方说，他可以表示：“今天市场上涨，但这则信息不重要，因为来源主要是噪声。”不过，如此小看手头上的信息，他肯定会丢掉饭碗。要求新闻记者以历史学家的方式去思考很困难，但可叹的是，现在的历史学家竟然越来越像新闻记者。

从观念上说，越老的东西越美。梭伦的警语适用于充满随机性的生命，而这和时下媒体挂帅的文化所传达的信息恰好相反，这一点，使我更加重视提炼后的思想。因此我床头摆的都是古色古香的老书。老思想越陈越香，不同于新思想的粗糙低劣。除此之外，我也花了一些时间阐述进化论和条件概率中的数学观念。一种观念能够留存那么长的时间，历经那么多的荣衰循环，可见它相当合宜。噪声已被滤除，至少一些噪声已经消失不见。从数学的角度来说，进步意指某些新信息优于旧信息，但并不是说一般的新信息都会取代旧信息，因此，最适当的做法是在有所疑虑的时候，以系统化的方法排拒新观念、信息或方法。其理至明，却叫人震惊。为什么？

主张接纳“新事物”，甚至“新新事物”的论点如下所述：不妨看看新汽车、飞机、电话、个人计算机等新科技带来的激烈变化。普通的推论（缺乏概率思想成分的推论）引导我们相信所有的新科技和发明都能使我们的生活产生革命性的变化。但是答案并没有那么明显。我们似乎只看到、考虑到赢家，而把输家排除在外，就好比我们总认为演员和作家都很有钱，却忽视一个事实：大多不出名的演员要靠兼职当侍者为生，而碌碌无为的作家，如果能在麦当劳卖薯条，已属幸运。那么输家呢？星期六的报纸总会列出数十种看上去可以使我们的生活产生革命性变化的新专利。而人们往往因为看到某些发明使我们的生活产生了革命性的变化，便推断支持发明是好事，而且我们应该接纳新事物，抛弃旧东西。

我的看法恰好相反，错过飞机、汽车等“新新事物”的机会成本，和我们为了找到这些珠宝而必须接受的垃圾产生的毒性相比，实在微不足道，不过这些事物真能使我们的生活有所改善吗？我经常怀疑这一点。

同样的说法也适用于信息。信息的问题不在于它令我们分心且通常一无是处，而是在于它含有毒性。在更后面我们会通过对信号过滤和观察频率做更技术性的讨论，探讨高频新闻令人怀疑的价值。我在这里只想说，对于旧事物的尊重，应当使我们自发与胡说八道的现代新闻记者断绝往来，且决策者处于不确定状态时，应该奉行的指导原则是尽量少接触新闻媒体。每天轰炸我们的大量“紧急”新闻中，除了噪声外，几乎空无一物。人们不了解新闻媒体只有引起人们的注意才能赚到钱，对新闻记者来说，沉默可不是金。

偶尔我会搭乘清晨 6 点 42 分的火车前往纽约。这时候，总是能看到睡眼惺忪的上班族埋首阅读《华尔街日报》。报纸不厌其烦地报道各家公司的琐事，而这些公司在本书问世时，可能已经不存在了。我们很难判断是这些人因为看报纸而显得精神不振，还是精神不振的人喜欢看报纸，或者人离开了住所就会看报纸，而且看起来两眼惺忪、精神不振。在我的职业生涯之初，看到别人如此专注于噪声，总是没好气，因为在我的眼里，大量的信息在统计上并不重要，其不足以推演出有意义的结论。但我现在很高兴见到这样的事情，我乐于看到那么多白痴决策者在浏览报纸之后，在投资时出现过度反应的行为。换句话说，我现在把别人看这些东西的现象当成一种保险，因为正是这么多不懂随机性的笨蛋，才使我得以继续待在期权交易这个有趣的行业中。

随机噪声

关于信息对社会具负面价值的看法，有许多来自希勒。希勒1981年发表的文章，从数学的角度探讨了社会处理信息的方式。这可能是第一篇这样的文章，文章谈到市场波动性的问题。希勒认为，如果股价是“某种东西”（某公司的折现现金流量等）的估计价值，那么和那“某种东西”有形的表征（以股利为代表）相比较，市场价格的波动幅度未免太大了。价格波动的幅度，大于它们所应反映的基本面因素；有时过度反应，涨得太高，例如价格因为好消息，应声上扬，或者在缺少明显理由的情况下上涨；有时却跌得太低。从价格和信息间的波动性差距，可以判断“理性预期”并没有发挥作用。价格涨跌太大，没有理性反映证券的长期价值，因此市场一定有什么地方出了差错，所以希勒宣称市场不像财务理论所说的那么高效。简而言之，高效市场中价格应该会反映所有可以获得的信息，因而我们根本无法预测它的走势，也无法从中获得利润。希勒的“异端邪说”引来一片讨伐之声，于是他惨遭威尔之流批判。

默顿对希勒的批评最凶，但只批评他使用的方法，因为希勒的分析十分粗糙，比方说，他用股利代替盈余，而这是相当浅薄的做法。默顿也为正统的财务理论辩护，表示市场需要追求高效率。但是这位默顿，后来却成了某避险基金的“合伙创办人”，而该避险基金的目标是从市场的无效率中获利。且不提默顿的避险基金终因黑天鹅问题而一败涂地，他当初“创办”这个避险基金，隐含的信息是他同意希勒的市场无效率之说。现代金融信条和高效市场理论的卫道士，竟然成立一个基金，想从市场的无效率现象中获利！

不过近来的情况并没有变好。撰写本书时，新闻供货商正大量提供各式各样最新的无线“新闻快报”。未经提炼的信息的增长速度远胜提炼后的信息，市场中充满了这类无用的信息。然而前人的信息却不会以实时新闻的方式传达给你。

这并不表示所有的新闻记者都被随机噪声的供应者愚弄。记者那一行中还是有不少懂得深思熟虑之人的，只是主流媒体依然不动大脑，只顾提供引人注意的噪声，而且没有什么机制能够将噪声和信息区分开。事实上，聪明的新闻记者反而遭到了惩罚。第十一章将谈到不顾真相为何，只关心能够左右陪审团意见的论点的律师，他太了解陪审团理智上的弱点。新闻媒体也是一样，它们只关心哪些东西能够吸引民众的注意力。新闻媒体的这种做法，尽人皆知，学术界的朋友一定不懂为什么我谈到这件事时会动气：我们这一行的问题出在必须通过记者获得我们所需要的信息。

老人政治

我喜爱经过提炼的想法，因此也喜欢老投资人和交易员，因为他们在市场中打滚的时间最久。这和华尔街常见的理念不同，华尔街倾向于选择获利能力强的年轻交易员。我利用蒙特·卡罗方法，仿真不同的交易员族群在不同的体制（和历史体制很像）下的表现，结果显示选择年纪大的交易员会有明显的优势。这些交易员的甄选标准是他们从事这一行的年数，而不是业绩表现，最主要的条件是他们没有“炸毁”，存活了下来。似乎没人真正了解报道投资新闻的媒体老爱挂在嘴上的“适者生存”一词的意思。在第五章讨论的体制转换（regime switching）中，到底谁是真正的最适者，其实我们并不清楚，而且能够生存下去的人，不见得是外表看起来最合适的人。说来奇妙，能够生存下去的往往是最老的人，因为人年纪越大，经历的稀有事件越多，抵抗力也越强。

我发现择偶过程中也有类似的进化论观点，这令我十分高兴。总的说来，若其他条件都一样的话，女性择偶时偏爱年纪比较大的健康男性，而不是比较年轻的健康男性，因为前者代表更优良的基因。银发发出的信息是生存能力比较强——由于已经走到银发阶段，所以对抗生命中变化的能力可能更强。说来奇怪，文艺复兴时期意大利的人寿保险业者似乎已得出相同的结论，他们对二十几岁和五十几岁的投保者皆收取相同的保费，可见他们心中这两类人的预期寿命是相同的，也就是说，一旦一个人活过 40 岁，能够夺走他们生命的病痛就变得很少了。接下来我们用数学方法重新表述这些论点。

时间尺度

内行看门道，外行看热闹。菲洛斯特拉托斯有句格言说：

神看到未来的事情，平凡人看到眼前的事情，聪明人看到即将发生的事情。

希腊诗人卡瓦菲于 1915 年根据这句格言写道：

他们全神贯注于冥想中，事物隐藏的声音传到他们耳里，他们听得十分虔诚，而外面街道上的人，什么也没听到。

我绞尽脑汁，思考如何尽量不用数学来解释噪声和意义间的不同，并且说明为什么在判断历史事件时，时间尺度很重要。蒙特·卡罗仿真法能够为我们提供这种直觉。我们先从投资世界找个例子，因为用它来解释相当容易，同时又可类比任何事情。

假设有个快乐的退休牙医，住在阳光普照的怡人小镇。我们预先知道，他很擅长投资，获得的报酬率可望比国库券高 15%，本年误差率（也就是我们所说的波动性）是 10%。这表示 100 个样本路径中，可望有约 68 个落在 15% 超额报酬率加减 10% 的范围内，也就是 5%~25%（以技术性术语来说：钟形正态分布有 68% 的观察值落在 –1 和 +1 的标准差内）。这也表示有 95 个样本路径会落在 –5%~35%。

这位牙医的处境显然非常乐观，于是他在阁楼布置了舒适的操作台，这样他就可以每天一边轻啜无咖啡因的卡布其诺咖啡，一边盯着市场看。他性喜冒险，发现这种生活比在公园大道替那些老女人看牙齿要有趣得多。

他申请了一种网络服务，这种服务会源源不断地把报价提供给他，这种服务的价格可比咖啡便宜许多。他把持有的证券录入电子表格中，如此他随时都能掌握投机性投资组合的价值。我们正活在所谓的网络时代。

报酬率为 15%，波动性（或者不确定性）为每年 10%，换算之后，任何一年赚钱的概率为 93%。但是从比较窄的时间尺度来看，任何一秒赚到钱的概率只有 50.02%，如表 3–1 所示。在非常窄的时间尺度内，赚赔概率几乎相抵。但是这位牙医不这么想。在情绪煎熬下，一有损失，屏幕跳出红字，他便心痛不已。赚钱的时候，他觉得身心愉快，但是快乐的程度比不上赔钱时痛苦的程度。

表 3–1　不同时间尺度下赚钱的概率

时间尺度	概率（%）
一年	93.00
一季	77.00
一个月	67.00
一天	54.00
一个小时	51.30
一分钟	50.17
一秒钟	50.02

每一天结束时，这位牙医总是筋疲力尽。他每分钟都会检查投资组合的表现，所以假设一天观察 8 个小时，每天他会有 241 分钟心情愉快，239 分钟不愉快，一年则是 60 688 分钟愉快和 60 271 分

钟不愉快。如果再考虑上不愉快的程度大于愉快的程度，那么这位牙医以很高的频率检查投资组合表现的做法，反而给自己制造了很大的情绪赤字。

接着我们假设这位牙医只在经纪公司寄来月报表时才去看投资组合的表现。由于有 67% 的月份赚钱，所以他一年只心痛 4 次，快乐的次数则有 8 次。同一位牙医，使用相同的策略，却有不同的结果。

如果牙医每年只看一次投资组合的表现，那么在余生 20 年的时间内，他将体验到 19 次惊喜，而只有一次不愉快！

随机性的时间尺度特质通常为人所误解，连专业人士也不例外。我曾见过博士级学者为一小段时间尺度内的表现争得面红耳赤，而依任何标准来看，这种短时间内的表现都不具有意义。在进一步批判新闻记者之前，我们还有另一些事情要谈。

我们换个角度，拿噪声相对于非噪声的比率来说。一年的时间内，我们每观察到一次非噪声，就会有 0.7 次噪声。一个月的时间内，每观察到一次非噪声，会有约 2.32 次噪声。而在一个小时内，每一次非噪声出现，就会伴随 30 次噪声。在一秒钟内，每一次非噪声出现，就有 1 796 次噪声出现。

由此，我们得出一些结论：

- 在很短的时间尺度内，我们观察到的是投资组合的变异性，而不是报酬率。换句话说，我们看到的是变异，几无其他。

我总是提醒自己，我们观察到的更可能是变异和报酬的组合，而不仅是报酬。

- 我们的情绪使我们难以看清这一点。牙医看月报表，会比每天或每小时检查投资组合的表现更愉快。如果一年只看一次报表，或许会更快乐。
- 看到投资人利用手机或手持设备接收实时报价、监视投资组合的表现时，我总是打从心底高兴。

最后，我必须承认，我也有这种情绪上的缺陷。但我的应对办法，是断绝获得信息的渠道，除非遇到特殊情况。这种时候，我喜欢去读诗，要是真有某个事件很重要，它总会传到我耳朵里的。

同样的方法可以用来解释为什么时间尺度短的新闻中充斥着噪声，而时间尺度长的历史中的噪声则多已剔除。这可以说明为什么我宁可不看报纸，也绝不闲聊市场，而且到了交易室，总会找学数学的人和秘书聊天，而不找交易员。这可以说明为什么最好在星期六看《经济学人》（*The Economist*）周刊，而不是每天早上看《华尔街日报》。除了因为看这两种刊物的知识阶层有很大的差距外，从信息传递的频率来说，我也建议这么做。

最后，这可以解释为什么太密切注意随机性的人反倒会心力交瘁：他们由于体验到一连串的痛苦而筋疲力尽。不管人们怎么说，他们体验到的痛苦，没有办法被感受到的愉悦抵消，而这会造成情绪上的赤字。经济学家估计，有些行为负面影响的强度是正面影响强度的 2.5 倍。

一些所谓的聪明人和理性人，经常怪我“忽视”日报中可能非常宝贵的信息，而且他们不肯把噪声包含的细节斥之为“短期事件”；雇用我的一些老板则怪我有如活在另一个星球。

我的问题在于，我缺乏理性，而且很容易被淹没在随机性中，因而遭受情绪上的折磨。我知道自己需要到公园的座椅上或者咖啡厅中沉思，远离信息。只有把信息从我身边夺走，我才做得到这一点。我这一辈子唯一的优点，是知道自己有一些缺点。主要的缺点是，面对新闻时，难以控制情绪上的起伏变化，也没办法保持头脑清醒。沉默是金。

第四章

随机性和科学知识分子

人类究竟是怎么了，竟会把胡言乱语也当成妙笔生花？

科学知识分子与人文学者

蒙特·卡罗发生器能够带领我们走近人文领域。科学知识分子和人文学者之间的分野越来越明显，于是两者间终于爆发了所谓的“科学论战”，这使得文科的非科学研究者与文学素养相当的科学知识分子对垒。20世纪90年代，在维也纳，这两种取向开始分道扬镳，当时一群物理学家认为，科学取得了长足进步，因此可以开始在属于人文学科的领域取得一席之地。依他们的看法，社会科学中可能隐藏着许多文辞华丽的胡言乱语，他们希望把思想从华而不实的修辞中抽离出来（除了文学和诗歌等领域）。

这些物理学家将严谨的态度引进知识生活，坚称一项陈述只可能归属于两个范畴：演绎法或归纳法。前者就像“2+2=4”，也就是根据定义精确的公理架构得出来，结果无可争辩。后者是指能以经验、统计等某种方式予以证实的陈述，例如“西班牙今天下雨”或“纽约人普遍粗鲁无礼”。除此之外，其他都属无价值的渣滓，用音乐来替代形而上学可能都要好得多。毋庸赘言，归纳的陈述可能很难证实，甚至不可能证实，我们在谈黑天鹅问题时会说明这件事。而当经验论带给一个人信心的时候，可能比其他任何形式的垃圾还糟。不过，请知识分子为他们的陈述提供一些证据不失为好的起点。维也纳学派是维特根斯坦、波普尔、卡尔纳普等人提出各种观念的发祥地。不管他们的原创观念可能拥有什么价值，这些观念对哲学和科学实践的影响很大。它们对非哲学领域的影响正开始显现，只是速度非常缓慢。

要区分科学知识分子和人文学者有一个方法：科学知识分子通常能够辨别其他人的著作，但人文学者则无法区分科学家和能言善道的非科学家两者的作品有什么不同。当人文学者开始使用科学界的术语，例如“测不准原理”、“哥德尔定理”、“平行宇宙”或“相对论”时，不管是断章取义还是使用了截然相反的意义，上述的现象都更为明显。读者阅读索卡尔所著的讽刺作品《知识的骗局》（*Fashionable Nonsense*）后就可以了解这件事。我在飞机上读这本书时笑个不停，而且笑得很大声，引来其他乘客的指指点点。只要在文章后面列一堆所谓的科学参考文献，就可以让人文学者相信你写的是科学著作。

对科学研究者而言，科学必须要求推论的严谨，不是随随便便把广义相对论或量子不确定性方面的著作列为参考文献就可以。这种严谨可以用普通英文来表达。科学讲究的是方法和严谨，在最简单的散文体文章中都可以发现它的踪影。比方说，读道金斯的《自私的基因》（*Selfish Gene*）最令人拍案叫绝的是，虽然书内没有一条方程式，其读来却好像是从数学的语言翻译过来的，然而它仍是优美的散文体。

随机的作品

随机性对事情的帮助可能很大。要区分口若悬河的人和真正的思想家，还有另一种更为有趣的方式。有时你可以用蒙特·卡罗发生器复制某样东西，让人以为那是文学作品，但是你却不可能用随机的方式写出一篇科学作品。词语可以随机组成，但真正的科学知识却不行。这是人工智能图灵测试的应用，只是方向相反。什么是图灵测试？图灵是位才华横溢的英国数学家，倜傥不群，也是计算机领域的开路先锋。他提出以下的测试方法：如果计算机能够骗到一个人，使他相信它是另一个人，那么计算机便可以说具有智能。反过来说也正确：如果我们能用计算机复制一个人的言辞，并且使人相信那是人写的，那么我们可以说那个人没有智能，因为计算机是不具智能的。

我们能以完全随机的方式，产生一篇作品，让人误以为那是德里达写的吗？

答案似乎是可以。除了索卡尔恶作剧地写了一篇充满胡言乱语的文章，并成功发表在某著名的期刊上之外，蒙特·卡罗发生器也可以写出这类文章和完整的论文。吸收“后现代主义学者”的文章后，它们能以称作递归文法的一种方法随机组词，产生在语法上无懈可击，但完全没有意义的句子，这些句子听起来就像德里达或帕格利亚等人讲的话。由于想法含混不清，人文学者很容易被随机性所骗。

澳大利亚莫纳什大学（Monash University）有台巴哈制造的达达引擎。我用这台引擎创作出一些文章，包含如下的句子：

然而拉什迪的作品，主题并非如现实的辩证典范所以为的属于理论，而属于一种前理论。论述的新语义学典范之前提，反讽地暗示了性别认同意义重大。

许多叙事认为作者的角色是可见的观察者。我们可以说，如果文化叙事成立，我们必须在叙事的辩证典范和新概念马克思主义之间做一选择。萨特对文化叙事所做的分析指出，社会矛盾性地具有客观价值。

因此表述的新辩证典范之前提暗示，如果真实与意识有所区别，意识或可用来强化阶层结构，否则，我们可以假定语言具有内在意义。

有些商业言辞就属于这一类，只是没那么优雅，而且所用的词语没那么文绉绉。我们可以用随机的方式，仿真贵公司首席执行官的言谈，用以确定他说的话是真具有价值，还是只是经修饰后的胡言乱语。怎么做？从下面的文字中选出 5 个词组，然后加入最少的字，使它们成为符合语法的句子。

> 我们关注顾客的利益／未来的道路／员工是我们的资产／创造股东的持股价值／我们的愿景／我们的专长在于／我们提供交互式的解决方案／我们将自己定位于这个市场／如何为顾客提供更好的服务／长痛不如短痛／长期而言我们将获得报酬／我们发挥己长，并且改正缺点／勇气和决心将战胜一切／我们致力于创新和科技／快乐的员工有生产力／致力追求卓越／战略性计划／我们的工作伦理

如果听起来很像贵公司老板不久前说过的话，那么我建议你换个新工作。

随机性之美

有些时候，我喜欢被随机性愚弄。面对艺术和诗词时，我对无聊呓语和满篇荒唐之言的反感会消失得无影无踪。一方面，我在行为举止上像个努力寻找运气所扮演角色的过度现实主义者。另一方

面，我沉溺在各式各样的个人盲目崇拜中，却不感良心不安。我是以什么为标准区分两者的？答案是美学。有些美学形式能够拨动我们的心弦，不管它们是起源于随机关联还是纯粹的幻觉。人的基因中，有某些东西会被语言的模糊和含混深深打动，那么，为什么要去抨击它？

我对诗和语言的爱好，起初受到文字接龙（Exquisite Cadavers）连诗游戏的抑制。这种游戏能以随机的方式，构成有趣的诗句。把够多的字放在一起，根据组合法则，就会生成奇特且发音美妙的隐喻。我们不能否认，其中一些诗句美妙绝伦。如果它们能够满足我们对美的喜好，那么它们是如何产生的，又有什么关系呢？

现代文学评论家把文字接龙游戏的起源，归因于战后人们心情沉郁，想要逃避现实。第一次世界大战之后，布雷顿、艾吕雅等一群超现实主义诗人聚集在咖啡馆玩下列游戏：在一张折起来的纸上，依序轮流写下一个句子中预定的成分，但彼此不知道别人写了什么词。第一位挑个形容词，第二位写下一个名词，第三位写下动词，第四位写形容词，第五位写名词。这种随机和集体组合的文字游戏首先公开发表的诗句是：

> 文字接龙应该喝新酒（Les cadavres exquis boiront le vin nouveau）。

很动人吧？用法语发音更有诗意。许多感人的诗句是以这种方式产生的，有时则借助于计算机。但不管是以随机方式产生，还是绞尽脑汁完成的，诗除了内容的寓意之美外，很少有人去计较其他。

无论诗是通过蒙特·卡罗发生器产生出来的，还是从小亚细亚盲人的嘴里吟唱出来的，语言都具有愉悦和慰藉的力量。为了测试它在知性上的效度，而把它转译成简单的逻辑论点，将或多或少剥夺它在这方面的力量。翻译过的诗显得十分枯燥乏味。历经日常使用的严肃考验，不遭破坏而留存下来的神圣语言，可以用来说明语言扮演的重要角色。闪族宗教，包括犹太教、伊斯兰教以及原始的基督教都了解这一点：必须避免为了日常使用之便而将语言合理化，也应该避免其被方言破坏。40 年前，天主教会把仪式和礼仪从拉丁文转成各地语言。我们可以说，这种做法导致了宗教信仰滑落。突然之间，人们以知识和科学标准对宗教加以评判，而不以美学的标准去评判。

以上所说和谈随机性的著作有什么关系？人天生需要一片小天地，经济学家往往利用深奥难懂的方式，以求完全逃避现实，现在却也开始了解，叫我们动起来的东西，不见得是身体里面管计算的部分。面对日常生活中的细节，我们不需要那么理性、那么讲究科学。只有在可能伤害我们、危及我们生存的状况中，我们才需要那么做。现代生活似乎在诱导我们做出完全相反的事情：面对宗教和个人行为等事物时，我们变得极其务实和理智，面对市场和受随机性影响的事物时，我们却失去理性。

我有一些同行，他们很理性，他们不了解为什么我喜爱波德莱尔或卡内蒂、博尔赫斯、圣琼·佩斯等诗人的诗。他们沉迷于聆听电视“大师”所做的“分析”，或者听从开豪华轿车的邻居的建议，买进自己根本一无所知的公司股票。维也纳学派在扬弃黑格尔式满纸废话的哲学时表示，从科学的观点而言，它是垃圾；从美学的观点来说，它比不上音乐。我则认为，读波德莱尔的诗，远比收看CNN（美国有限电视新闻网）或听威尔讲废话要愉快得多。

第五章

最不适者可能生存吗？

要叫烂交易员放弃头寸，比叫他们离婚还难。

新兴市场高手卡洛斯

我以前常在纽约各种聚会场合碰到卡洛斯，他总是穿得十分体面，但在女士面前有点害羞。只要逮住机会，我就会紧抓着他不放，请教他赖以为生方面的事情。他从事的是新兴市场债券的买卖，这位好好先生总是有问必答，但神情显得紧张。他的英语虽然讲得流利，但说话时却需要使上一些力气，他头部和颈部的肌肉也因此颤动着（有些人天生对讲外语不在行）。新兴市场债券是什么？“新兴市场”是为了讲求政治上的正确，而用来称呼那些发展程度不高的国家的委婉说法。身为一个怀疑论者，我可觉得它们

“新兴”与否尚待讨论。新兴市场债券就是这些外国政府（主要是俄罗斯、墨西哥、巴西、阿根廷、土耳其）发行的金融商品。当这些国家的政府表现不佳时，它们的债券交易价格便只有几分钱。

20 世纪 90 年代初，投资人突然争相涌进这些市场，而且买进越来越多奇奇怪怪的证券，它们的价格因而水涨船高。所有这些国家都在努力兴建饭店，这些饭店播放美国各家新闻频道的节目，里面的健身俱乐部配备各式各样的器材，还有大屏幕电视机。这些国家也都接触同样的财经大师和金融名嘴，银行家前来投资它们的债券，得来的钱则被用于兴建更漂亮舒适的饭店，以吸引更多的投资人上门。这些国家发行的债券曾一度流行起来，价格从数美分涨到数美元。这些国家中对于这些债券几乎一无所知的投资人靠着它们累积起了庞大的财富。

卡洛斯应该是来自拉丁美洲的一个显贵家庭，却因 20 世纪 80 年代的国家经济问题，家道中落，由富转贫。不过，话说回来，我碰到的每一个来自经济凋敝国家的人可都宣称，自己家里要不是曾经拥有一整个省份，就是曾负责供应俄国沙皇宫中的骨牌赌具。卡洛斯在大学时成绩十分优异，接着到哈佛大学攻读经济学博士学位。当时拉丁美洲的显贵家庭子女都流行这么做，目的是从非博士级的恶魔手中抢救国家的经济。卡洛斯是个好学生，但找不到像样的博士论文题目。论文指导老师也瞧不起他，认为他缺乏想象力。卡洛斯只好拿个硕士学位，然后到华尔街做事。

1992 年，卡洛斯受雇于纽约一家银行新设的新兴市场交易部门。他具备成功的各项要素：懂得那些发行“布雷迪债券”（Brady bonds）的国家位于地图的哪些地方（“布雷迪债券”是发展中国家发行的美元计价债务商品）；他知道国内生产总值（GDP）是什么意思；他看起来很认真，脑袋好使、语言能力也不差，只是带着浓重的西班牙腔。银行可以放心地把他推到客户的面前，和不修边幅的其他交易员相比，他真是强太多了！

新兴市场兴盛之际，卡洛斯正好躬逢其盛。他进入那家银行时，新兴市场债务商品的市场规模仍然很小，交易员被安置在营业大厅最差的位置。但是不久后，新兴市场债务商品的交易成为该行营业收入的一大来源，且持续增长。

卡洛斯正是这个新兴市场交易员圈内的典型代表。这些交易员是来自世界各新兴市场、眼界宽广的显贵，他们让我想起沃顿商学院里各国精英荟萃的咖啡时间。我发现有件事很奇怪：极少人专精于自己出生国的市场。墨西哥人在伦敦操作俄罗斯证券，伊朗人和希腊人专精于巴西证券，而阿根廷人交易的是土耳其证券。他们和我所知的真正交易员不同，他们大体上举止高雅有礼、穿着体面、收藏艺术品，但不是知识分子。他们过分循规蹈矩，不可能成为真正的交易员。他们的年龄大多在30~40岁，你可以想象得到，其中有许多人会持有大都会歌剧院的季票。我认为真正的交易员通常穿着邋遢，仪表糟糕，而且对于垃圾筒内废纸上内容的求知欲，远远高于墙上挂的塞尚画作。

卡洛斯既是交易员，也是经济研究员，在他那一行里十分吃香。他在拉丁美洲各国的人脉很广，对于那里发生的事情了若指掌。他买自己觉得富有吸引力的债券，原因是它们的利率不错，或者他相信这些债券的价格将来会升高。称他为交易员或许不对，真正的交易员会买也会卖，甚至可能出售自己手头上没有的东西，等到价格下跌再买回来，赚取差价利润，这就是所谓的“卖空”。卡洛斯却只买不卖，而且是大量买进。他相信自己持有这些债券能获得很好的风险溢价，因为借钱给那些国家是有利可图的。在他看来，卖空从经济角度来说根本不合理。

卡洛斯在银行内有如新兴市场的信息供应中心。问他事情，他总能马上说出最新的经济数字。他常与董事长共进午餐。依他的看法，交易就是经济学，别无其他。他如鱼得水，平步青云，一再升迁，终于当上新兴市场交易台的首席交易员。1995 年起，卡洛斯在新职位上表现十分优秀，银行不断将更多的资金交给他去操作，速度快得让他赶不及用上新的风险额度。

好光景的消失

卡洛斯能够享有那些年的好光景，不只是因为他买了价值在那段时间上升的新兴市场债券。获利的主要原因，是他也逢低买进。在短暂性的恐慌出现，以致债券价格急跌时，他敢于放手加码。1997 年本来是个坏年头，但他幸运地在 10 月间债券市场随股票市场假性崩盘而重挫时加码操作。能够抓住这些机遇，令他志得意满，觉得自己所向无敌。他认为自己不可能犯错，他相信天赋的经济直觉使他的交易决策都很明智。市场重挫后，他会去检查基本面，如果基本面仍然良好，他会买进更多债券，等到市场回升时再卖出。从卡洛斯开始介入新兴市场债券，到 1997 年 12 月他拿到最后一张奖金支票为止，我们看到这个市场一路上扬，中间偶有波折，例如 1995 年墨西哥货币贬值，但之后又恢复涨势。我们也会发现某些下跌走势，事后证明正是“绝佳买点”。

卡洛斯毁于 1998 年夏季——这次市场在重挫后，没有重拾涨势。到目前为止，他的记录中只有一季亏损，但糟就糟在这季的亏损。历年来他总共赚到接近 8 000 万美元。不过仅仅一个夏季，他就赔掉了 3 亿美元。究竟发生了什么事?

6 月间市场开始急转直下时，他那友善的消息来源告诉他，卖出压力涌现纯粹是新泽西州一家避险基金“平仓”的结果。这家避险基金是一位曾在沃顿商学院任教的教授经营的，它专营抵押债券，不过在不久前刚接到指示，必须减少债券的持有总量。该基金持有的包括一些俄罗斯债券。

摊平操作

市场开始下跌时，卡洛斯买进了更多的俄罗斯债券，平均价格约为 52 美元。摊平操作（average down）是卡洛斯的特色。他认为问题和俄罗斯无关，而且一位疯狂学者经营的新泽西基金也不会决定俄罗斯的命运。“仔细听我说，那只是平——仓！”他对着那些质疑他买进行为是否正确的人大吼道。

到了6月底，卡洛斯在1998年的操作收入已从6 000万美元降为2 000万美元。他为此大发脾气，但心里盘算着，要是市场涨回到新泽西基金卖盘杀出前的水准，他就能得到1亿美元的获利。他坚信市场势必回涨。他说，这些债券的交易价格绝对不会掉到48美元以下。他冒的风险极低，可能获得的利润却非常高。

7月来了。市场又跌了一些。此时俄罗斯的指针债券价格是43美元。卡洛斯的仓位已经开始赔钱，但他还是加码操作。这一年他已经赔掉了3 000万美元。他的顶头上司开始感到紧张，他却继续告诉他们，俄罗斯垮不了。他一再重复那句陈词滥调：“它太大了，所以没人敢让它倒。”他估算，俄罗斯的解困成本很低，却对全球经济大有好处，所以现在出清仓位不是明智之举。他再次表示：“这时宜买不宜卖。这些债券的交易价格非常接近可能的违约价值。”换句话说，万一俄罗斯违约不履行债务，而且没有美元支付债务的利息，这些债券也不会跌得更低。他的这种想法从哪里来的？是从他和其他交易员、新兴市场经济学家（或者交易员兼经济学家的那一类型）的讨论中得来的。

卡洛斯把个人财富的一半（当时是500万美元）投入俄罗斯本金债券。他向执行这笔交易的证券营业员说：“我要靠这些利润退休。”

每况愈下

市场继续越跌越低。8月初，交易价格跌到了三十几美元，8月中旬跌到了二十几美元，卡洛斯仍然按兵不动。他认为，屏幕上跳动的价格，和他购买"价值"的那一行风马牛不相及。

他开始流露出久战后的疲惫，整天提心吊胆，不再那么沉得住气。开会时，他对某人大吼："笨蛋才会认赔抛售！我不会笨到高买低卖！"以前一帆风顺时，他很瞧不起非新兴市场交易员。大家又听他老调重弹："要是 1997 年 10 月我们大赔后出场，那年的业绩就不会那么亮眼。"他也向管理层表示："这些债券的交易价格非常低，现在投资这些市场的人，将来会获得很丰厚的报酬。"

每天早上，卡洛斯总会花一个小时和全球各地的经济学家讨论最新的情势。他们的看法似乎都雷同：卖盘已经卖过头了。

卡洛斯的操作台也在其他的新兴市场赔钱，他在俄罗斯的卢布债券市场也赔了钱。亏损越堆越高，他却一再告诉管理层，据说其他一些银行也产生了很大的亏损，而且比他的大得多。他觉得有必要让人知道"相对于业界，他表现得还算不错"。这是系统性麻烦的征兆，由此可见全体交易员都在做相同的事。"其他交易员也有麻烦"这样的说法，无异于坦承自己犯了错。事实上，交易员的心理结构应该引导他敢于去做其他人不做的事。

卡洛斯的失败

到了8月底，作为市场风向标的俄罗斯本金债券的价格跌到10美元以下。卡洛斯的财富几乎折半。他被炒了鱿鱼，顶头上司、交易部门的主管也卷铺盖走人了。那家银行的总裁被贬到一个“新设的职位”。俄罗斯政府已经发不出薪水给公务员了，更叫人胆战心惊的是，连武装士兵也领不到薪饷；董事们不解为什么自己的银行要投下那么多钱在那样的政府身上。全球各地的新兴市场经济学家彼此谈了那么多，却忘了考虑这样的一些小事。经验丰富的交易员康奈尔把这叫作消防站效应。他观察到，消防队员闲着没事干，久而久之，聊得太多，就会对很多事情形成相同的看法，而这些看法，在客观的局外人看来，十分荒唐可笑。心理学家对这现象有更漂亮的称呼，但我的朋友康奈尔没学过临床心理学，因此只能将之称作消防站效应。

我们知道，人们判断经济学家的好坏时，是以他们看起来有多聪明为标准的，而不是以科学方法衡量他们对现实世界懂得多少。但是债券价格并没有被唬过去，价格懂的比经济学家多，也比新兴市场部门中卡洛斯之流多。

坐在隔壁桌的老牌交易员路易，以前常遭这些袋中多金的新兴市场交易员羞辱，但现在依然稳稳地坐在那里。路易当时52岁，是土生土长的布鲁克林人，30多年来安然度过了每一次市场循环。他默默地看着警卫把卡洛斯送出大门，犹如将被俘的士兵送进竞技场。他以布鲁克林腔喃喃自语道:“什么经济学,狗屁经济学。其实一切都受市场动力影响。”

卡洛斯已经被市场抛弃。等到将来某个时刻,历史有可能证明他是对的,但这对他是烂交易员的事实已于事无补。他确实有深思熟虑的绅士特质,如果你想选女婿,他是个理想人选。但是烂交易员的大部分特质,他都具备。而且,在任何一个时间点,赚钱最多的交易员往往是最差的交易员。我把这称作横断面问题:在市场上的任一时间点,获利最多的交易员,可能是最适合上一个循环的人。牙医或钢琴家不常碰到这种事情,这是随机性的本质使然。

高收益交易员约翰

第一章我们谈过塔利波的邻居约翰。他 35 岁,自佩斯大学商学院毕业后,在华尔街当企业“高收益”债券交易员已有 7 年的时间。华尔街上有两家性质相近的公司,抢着为他提供优渥的分红合约,他趁机漫天开价,结果在创纪录的极短时间内当上主管,并管理 10 名交易员。根据合约,他可以从历年结算的利润中抽 20%。此外,他在操作时也可以投资个人的资金,这可是很大的特权。

约翰这个人称不上聪明,但据传很有生意头脑。据说他相当“务实”且“专业”,看上去天生就是个生意人,他从不发表什么高调或不适当的言论。大部分情况下,他冷静沉着,极少在无意中表露出个人的喜怒。即使偶尔咒骂一两句,听起来也很专业,这里可是华尔街！

约翰的穿着无懈可击，部分原因在于他每个月到伦敦一趟，因为他的单位在那里设有监控欧洲高收益债券交易活动的分支机构。他穿在萨维尔街（Savile Row）订制的深色西装，打菲拉格慕（Ferragamo）的领带，这足以让他在别人脑海里留下华尔街成功专业人士的印象。塔利波每次碰到他，总是自惭形秽，觉得自己的穿着太糟。

约翰主要负责“高收益”债券的交易，具体来说就是买进“便宜”，但获利可达 10% 的债券，而公司的借款利率只有 5.5%，因此公司净赚 4.5%，这也称作利差。听起来似乎不多，但他可以运用杠杆操作，让这些利润产生倍数效应。他在各个国家这么做，按当地的利率借款，然后投资于“风险性”资产。他能够不费吹灰之力，跨越几个洲，执行数额高达 30 亿美元以上的这类交易。他卖出美国、英国、法国和其他国家的公债期货，为赚取利差的交易做避险动作，因此他的赌注限于两种商品之间的差价。他认为这套避险策略可以保护他，他就像是包了一层保护膜，不受讨人厌的全球利率波动影响。

随机性的力量

约翰有亨利当他的左右手。亨利是个外籍股市分析专家，英语讲得很烂，但在风险管理方法上，据说至少与约翰不相上下。约翰不懂数学，只好依赖亨利，他常把这句话挂在嘴边：“他的头脑加上我的生意经。”亨利会把整体投资组合的风险评估结果交给约翰。每当约翰忧心忡忡时，就会叫亨利再交一份最新情况的评估报告。约翰聘用亨利的时候，亨利还是运筹学专业的在读研究生。他的专长领域称为计算财务（Computational Finance），顾名思义，他似乎只专注于通宵运行计算机程序。亨利的收入在短短 3 年内，从 5 万美元增加到 60 万美元。

约翰替公司赚得的大部分利润，其实不是来自前面所说各种商品间的利差，而是来自约翰所持证券价值的变化，其主要原因是许多其他交易员也模仿约翰的交易策略买进这些证券，这些资产的价格因而上升，因此利差越来越接近约翰所相信的“合理价值”。约翰相信他用来计算“合理价值”的方法相当扎实。一整个部门协助约翰分析和决定哪些债券具有吸引力和资本增值潜力。对他来说，长期获得这种高利润是非常正常的。

约翰为他的雇主赚得稳定的利润，或许稳定一词还不够恰当。每一年，他创造的营业收入约为前一年的两倍。去年他的收入激增，因为分配给他操作的资金，远远比他最疯狂的梦中的还多。他拿到的奖金高达 1 000 万美元，不过这是税前金额，他必须缴纳将近 500 万美元的税额。32 岁时，约翰的个人财富为 100 万美元。到了 35 岁，他的财富已经超过 1 600 万美元。他的大部分财富来自奖金，但也有不少是通过个人的投资组合赚来的。他坚持从这 1 600 万美元中拿出将近 1 400 万美元继续投资。由于可以运用杠杆，也就是使用借来的钱，所以他持有着 5 000 万美元的投资组合，其中

3 600 万美元是向银行借来的。然而杠杆产生的效果是，一点点小赔滚成了大损失，他被清除出场。

短短几天的时间，1 400 万美元化为乌有，约翰也丢掉了工作。一切事情都发生在 1998 年夏天，高收益债券价值大跌。市场急转直下，几乎他所投资的每一种产品的走势都对他不利。他的避险策略已经失灵。他对亨利很恼火，怪他没有算出这些事件有可能发生，或许程序出错了。

刚开始发生损失时，约翰的反应是不理会市场的走势。这是很典型的反应。他说："如果一天到晚在意市场的起伏变化，你会疯掉。"这句话的意思是，"噪声"指向回跌，但通常也会被反方向的"噪声"给抵消。亨利向他解释的事情，翻译成大白话就是这样。不幸的是，"噪声"一直往同一方向累积。

这和《圣经》所说的循环一样，约翰花了 7 年的时间成为英雄，但 7 天的时间他就变成了白痴。约翰现在成了失败者，他失业了，打电话给他也不回复。他的许多朋友处境也相同。怎么会这样？他有那么多的信息，记录完美无瑕，还有精密的数学技巧可以利用，怎么会失败？他是不是忘掉了随机性的魔影了？

由于事情来得十分突然，人们被震得瞠目结舌，约翰花了很长的时间，才搞清楚发生了什么事。市场的跌幅不是很大，但他运用的杠杆太大了。更叫他惊讶的是，他们计算这种情形发生的概率是 100 万亿年才会发生一次。亨利称之为"10 西格玛"（ten sigma）事件。亨利得出的概率即使调高一倍，也似乎没有区别，因为这么一来，概率也只是 100 万亿年发生两次。

约翰何时能从这场惨剧中恢复过来？或许永远不能。原因不在于约翰赔了钱，而在于他整个人被毁了。对好交易员来说，赔钱是必须习惯的现实。但约翰赔掉的钱多于他准备赔掉的，他个人的信心已荡然无存。

但还有另一层原因使得约翰可能永远爬不起来。其实约翰本来就不是当交易员的料。他只是在市场大热之时，碰巧躬逢其盛罢了。

约翰说自己“毁了”，但是他的财富还有将近 100 万美元，地球上 99.9% 以上的人可能都对此艳羡不已。然而由上而下掉到某种财富水准，和由下而上升到某种财富水准，毕竟不同。从 1 600 万美元减少到 100 万美元，不像从零增长到 100 万美元那么愉快。此外，约翰羞愧不已，至今仍很怕在路上碰到老朋友。

对最后的结局最不满意的，应该是他的雇主。约翰经过这场浩劫，还留下一点钱，保住了 100 万美元。除了变得筋疲力尽，这次惨剧并没有夺走他的一切，他应该感谢上帝才对。他的财富没有成为负值，但他的最后一位雇主却没有那么幸运。在 7 年当中，约翰为他所服务的纽约各投资银行赚了约 2.5 亿美元，但在短短几天内，却赔掉了最后一位雇主的 6 亿多美元。

成功的傻瓜

这里要提醒读者，不要以为所有的新兴市场和高收益债券交易员的言谈举止都像卡洛斯和约翰，只有最成功的交易员才像，或者说只有在 1992—1998 年多头走势期间做得最成功的交易员才像。

以他们的年龄来看，约翰和卡洛斯仍有再创事业第二春的机会。对他们而言，到金融市场以外的地方另谋出路，才是明智之举。他们在这一行没办法生存。为什么？因为和他们交谈一会儿，你很快就会发现他们都具备极成功的随机性傻瓜的特质。更叫人忧心的是，他们的顶头上司和雇主也有相同的特质，因此也都被永远逐出了这个市场。本书会一再提到这些特质，它们可能没有明确的定义，但你看到它们的时候，能够一眼就认出。不管约翰和卡洛斯去做什么事，他们仍将是不懂随机性的傻瓜。

不懂随机常态的市场傻瓜

以上所述特质大多与“混为一谈表”中的内容一样容易被混淆。由此可见这些人多么容易被随机现象愚弄。以下简单描述他们是什么样的人：

> 他们对某些东西怀有信念，且高估那种信念的精确性，如卡洛斯相信经济学，约翰相信统计学。他们从没想过，以前通过根据经济变量操作获得的成功，或许只是巧合而已，或者可能更糟的是，由于经济学分析适用于过去的事件，它的随机成分反而被掩盖了。卡洛斯进入市场之际，碰巧它行得通，但他

不曾在市场表现与扎实的经济分析背道而驰时测试过它。有些时候，经济学会辜负交易员，有些时候则对他们有帮助。

20世纪80年代初，美元汇率过高——也就是外国货币汇率过低。根据经济直觉买进外国货币的交易员，都被清洗出场，但是后来这么做的交易员却因而致富。这就是随机性！同样的，20世纪80年代末“卖空”日本股票的人，也落得相同的命运，但很少有人能撑到20世纪90年代股价崩跌，而转亏为盈。我在写作本书时，一群叫作“宏观交易员”的操盘手纷纷中箭落马，“传奇性的”（准确地说是“幸运的”）投资人罗伯森于2000年关门大吉，而在那之前，他一直是熠熠闪亮的明星。后面谈到幸存者偏差时，还可了解更多，但是显然可以看出，他们在操作时确实很严谨地使用了经济分析。

他们倾向于死守头寸。有句格言说，要叫烂交易员放弃头寸，比叫他们离婚还难。死守某些观念对交易员、科学家或任何人都无益。

他们倾向于改变说辞。赔钱的时候，他们就自称是“长线”投资人。他们会根据最新情况的变化调整策略，忽而是交易员，忽而是投资人。交易员和投资人的不同点，在于下赌注的时间长短和赌注金额。“长线”投资绝对是明智的，只要不把它和短线交易混为一谈即可。许多人赔钱之后就摇身变为长线投资人，他们就是不肯接受事实，壮士断腕，认赔了结。

他们没有事先规划发生亏损时的对应措施。他们根本意识不到有那种可能性。两类人都在市场重挫后买进更多的债券，但不是根据事先订好的计划行事的。

他们难于以“认赔了结”的行动来修改自己的立场，并缺乏批判性思考的能力。平庸的交易员不喜欢在“现在价值还不算太差”时卖出股票，他们不会思考自己用来决定价值的方法或许有错，而是怪罪市场没有接纳他们衡量价值的方法。他们的看法也许是对的，但他们根本不接受自己的方法可能有缺陷这一事实。索罗斯或许有不少缺点，但人们会发现他在检讨不利的结果时，总会测试分析架构本身有无问题。

他们倾向于否认事实。发生亏损时，他们不会积极主动地接受已经发生的事实。他们不相信屏幕上价格的真实性，转而接纳某种抽象的“价值”。他们典型的反应是经常表示：“这只是平仓的结果，这是由失望性卖盘杀出造成的。”他们继续忽视现实状态发出的信息。

本书所提到的这些交易员，怎能在犯下这些错误之后，接着赚那么多钱的？这是有关随机性的一个简单的原理造成的，也是幸存者偏差的一个表征。我们往往认为交易员能够赚钱，是因为他们是好交易员。或许我们该倒果为因：我们认为他们是好交易员，只是因为他们赚了钱。一个人有可能完全靠随机现象，而在金融市场赚钱。

卡洛斯和约翰都受益于市场循环。他们能够赚钱，不只是因为他们涉足正确的市场，也因为他们的交易风格刚好契合那段时间市场涨势的特质。他们都逢低买进。事后回顾，这正好是 1992 年到 1998 年夏天两人所涉足市场中的最理想特质。那段历史时期，碰巧拥有那种特质的大部分人主宰了市场。他们的获利较高，并把可能更优秀的交易员挤到了一边。

被误用的进化论

前面说明了烂交易员为何能在中短期内相较于好交易员拥有生存优势。接着我们要把相关的论点推广到更普遍的层次。

不肯接受达尔文自我选择理论的人，不是瞎了眼，就是愚蠢至极。但正是由于这个概念十分简单，一群外行人（以及一些专业科学家）竟然盲目相信，持续进化和永无错误的达尔文学说适用于包括经济学在内的所有领域。

生物学家莫诺数十年前感叹，每个人都相信自己是进化论专家。我们也可以说，每个人都以为自己是金融市场专家。今天，情况更糟，许多外行人相信植物和动物只朝着趋于完美的方向繁殖。套用到我们的社会来说，他们相信由于竞争以及每季公布财务报表的规范，公司和组织只会往好的方向推进，绝不会回头。强者生存，弱者灭绝。至于投资人和交易员，他们相信，放手让他们彼此竞争，则最优秀的人将青云直上，最差的人到头来只好去学新的技能，譬如到加油站帮人加油，或者，有时是去当牙医。

事情并没有那么简单。达尔文的观念基本上遭到了误用，而且事实上，公司并不会像大自然的生物那样繁殖。达尔文的观念谈的是繁殖适应性的问题，不是谈生存，和本书所说的其他每件事情一样，问题出在随机性。动物学家发现，一旦把随机性注入一个体系之中，结果往往令人惊讶：原来看似属于进化的东西，其实可能只是转向，或者可能是退化。比方说，古尔德发现，有许多的证据显示，确实有他所说的“基因噪声”或“负突变”（negative mutations），我们得承认他比较像科学知识的传播者，而非纯粹的科学家。他把这理论延伸得有点过了头，因此触怒了一些同行。学术辩论因之而起，另一方的主将是道金斯，生物学家大多认为后者关于随机性的数学素养较强。负突变是指虽然从繁殖适应性的观点来看，新的特质比其所取代的特质还差，生物却还是能够生存下去，不过不能期望它们维持好几代以上，这就是所谓的临时聚集。

此外，当随机现象的形貌改变，例如发生体制转换（regime switches）时，情况可能变得更叫人惊讶。体制转换相当于一个系统的所有属性都改变了，面貌不复可辨。达尔文学说的适应性适用于在非常长的期间内发展的物种，而不是短期观察到的现象——时间累积消除了随机性的大部分效应；就像人们所说的，长期而言，事事（噪声）相互抵消而产生均衡。

由于有突发的稀有事件，我们不是活在种种事物持续“趋向”改善的世界中。生命中的各种事情也根本不是以连续不断的方式变动的。相信事情连续变化的观念，深植于我们的科学文化中，直到

20 世纪初。以前人们认为大自然不会跃进或骤变，拉丁文这么说："自然不突变"（natura non facit saltus）。一般认为这句话是 18 世纪的植物学家林奈所说的，但他显然弄错了。莱布尼茨也用它来为微积分辩护，因为他相信不管我们怎么放大来看，万物都是连续的。和许多"言之有理"的说法一样，它后来被证明是完全错误的，量子力学把它推翻了。我们发现在极小的尺度下，粒子是在不同的能级间不连续地跃进的，而不是在其间滑动。

进化可能被随机性愚弄吗?

本章最后要谈的是以下所说的观念。对于随机问题只有一些概念的人，相信动物必定对生存的环境拥有最大的适应性。进化论的意思并非如此。平均而言，动物是有适应力，但不是每一只动物都能适应，而且不是时时都能适应。一只动物有可能因为它的样本路径很优越而生存下来，同理，一个行业中"最好的"人才也有可能来自一群人才，他们能够生存，是因为过度适应某一样本路径——那条样本路径并未出现与进化有关的稀有事件。这里面有个不良的属性，就是这些动物不曾遭遇稀有事件的时间越久，则它们对该稀有事件的承受力越弱。如果我们把时间无限延长，那么依照遍历性原则，那个事件肯定会发生——那些物种必会遭到毁灭！进化只能适应某一时间序列，而不是所有可能环境的平均值。

由于随机结构的邪恶特性，像约翰那种高收益的交易员，长期而言肯定是输家，而且相对而言不适于生存，尽管如此，在短期内他们却有很高的成功概率，同时能够大量繁殖自己的基因。前面曾经谈过血清素对一个人行为举止的影响，以及能在择偶时发出什么样的讯号。他们的成功（或者应该说是假性成功，因为其基础相当脆弱）会显现在外貌上，使他们比较引人注目。不知情的潜在配偶会被他们的外表所骗，误以为他们拥有优异的基因，直到稀有事件发生才恍然大悟。梭伦似乎深谙个中道理，但不妨试着把这个问题向企业界中天真的进化论者，或者对街有钱的邻居解释一下。

第六章

偏态与非对称

> 我的意见是市场上涨的可能性比较高（我看好后市），但最好是卖空（我看坏结果），因为万一市场下跌，它可能跌很多。

概率和期望值

作家兼科学家古尔德有一阵子是我崇拜的对象，他曾被诊断罹患致命的胃癌，关于他能活多久，他收到的第一个信息是：这种病的病人存活期的中位数约 8 个月。他觉得这个信息就像《圣经》中的以赛亚告知希西家王，赶快在死前把家整理好。

这种病情诊断，特别是如此严重的病情，会激励一个人拼命做研究，尤其是像古尔德这种总是希望多写几本书的作家。古尔德进一步研究后，发现实情和他最初获取的信息大不相同。主要的差异在于期望（亦即平均）存活期比 8 个月长得多。他注意到期望值和中位数两者根本不同。中位数意指约 50% 的人活不到 8 个月，50% 的人则能活 8 个月以上。但是活了 8 个月以上的人的生存时间相当长，大致来说和普通人一样，他们大部分可以活到保险死亡表预测的平均寿龄 73.4 岁左右。

这就是非对称现象。活不到 8 个月的人，很早就死掉了，而活过 8 个月的人，则可能活得更久。结果出现非对称现象时，存活期平均值和存活期中位数并不相同。古尔德因此发现了偏态（skewness）的概念，因而呕心沥血写下《中位数不能传达什么》（The Median is Not the Message）一文。文章的主旨是，医学研究机构使用的中位数概念，不具备概率分布的特性。

我将简化古尔德的论点，以跟疾病没有关系的例子——赌博，来介绍平均数（也称作期望值）的概念。我举的例子会同时提到非对称概率和非对称结果。非对称概率是指某事件的概率不是 50%，而是一边的概率高于另一边的概率。非对称结果是指报酬不相等。假设我参加的赌博中 1 000 次里面有 999 次赚到 1 美元（事件 A），有一次赔 10 000 美元（事件 B），如表 6–1 所示。

表 6–1　赌博事件

事件	概率	结果	期望值
A	999/1 000	1 美元	0.999 美元
B	1/1 000	–10 000 美元	–10.00 美元
		合计	–9.001 美元

我的期望值是赔 9 美元左右，这是将概率乘以对应的结果所得到的数字。赔钱的频率或概率本身完全没有用处，它必须和结果的大小放在一起才有用。这里的 A 发生的概率远高于 B。我们如果赌事件 A 会发生，赌赢的概率很高，但这并不是好想法。

个中的道理很简单，小赌过的人一定都了解。但是我在金融市场却得费尽力气和那些怎么想也想不通的人争执。这些人并不是新手，而是有着 MBA 这样高学历的人，可笑的是他们却搞不懂其中的差别。

他们怎么会不懂其中的道理？他们怎么会把概率和期望值混为一谈，也就是把概率和概率乘以报酬混为一谈？主要是因为大多数人接受的学校教育、举的例子都出现在对称的环境中，例如掷硬币时，这种差别就无关紧要。事实上，社会中应用甚广的所谓“钟形曲线”是完全对称的，后面我会再谈这一点。

牛与熊

新闻媒体一天到晚拿所谓的牛市（后市看好）和熊市（后市看坏）等概念轰炸我们，用以指金融市场的价格走高或下跌。但是我们也听到有人说“我看好约翰尼”或者“我看衰坐在后面那个叫纳西姆的家伙，我实在搞不懂他在想些什么”，用以表示他们对某人这辈子起落的判断。我要说的是，看好或看坏的概念往往空洞无物，不能应用于充满随机性的世界，尤其是这个世界充满非对称结果。

我在某大型投资公司的纽约办事处任职时，偶尔必须参加烦人的“讨论周会”，纽约交易室的大部分专业人员都会参会。我并不掩饰自己对这种集会的厌恶，原因不只是它害我不能上健身房而已。虽然这种会议找来依绩效论成败的交易员参加，却更像是一些以讨好顾客为主的业务员大放厥词的地方。与会者还有被称作华尔街“经济学家”或“战略家”的艺人，他们高谈阔论市场将来的命运，却不必承担任何风险，因此他们的成败取决于能不能讲得天花乱坠，而不是可以用来判断好坏的事实资料。讨论时，与会者必须就现状提出个人的看法。在我看来，这种会议只会污染人的智力。每个人都有一个故事、一个理论或某些见解想要和别人分享。我讨厌那些没在图书馆做太多功课，就以为自己对某一主题拥有原创性看法和深邃高见的人。我必须坦承，为了排遣无聊和缓和对那些陈词滥调的厌恶，我的做法是尽可能多发言，且在别人讲话时充耳不闻，只顾着在脑子里解方程式。讲很多话可以帮助我讲清自己的想法，而如果运气不错的话，下个星期我就不会再“受邀”参加会议，事实上这种会议属强迫性质。

有一次，有人请我发表对股市的看法。我说，我相信下个星期市场有很高的概率会略微上涨。“有多高？”“大概 70%。”这显然是铿锵有力的回答。接着有人插嘴说：“但是，纳西姆啊，你刚刚才吹嘘你大量抛售标准普尔 500 指数（SP 500）期货，赌市场会下跌。是什么原因使你改变了想法？”“我没有改变想法！我那么赌可是有很强的信心的！（大家笑了起来）。其实，我现在还想多卖一些！”会议室内的其他人看起来丈二金刚摸不着头脑。战略家问我：“你到底是看涨（牛市），还是看跌（熊市）呢？”我回答说，除了动物学上的意义，我不懂“牛市”或“熊市”的意思。就和前例中的事件A与事件B一样，我的意见是市场上涨的可能性比较高（我看好后市），但最好是卖空（我看坏结果），因为万一市场下跌，它可能跌很多。突然之间，会议室内总算有极少数交易员了解我的意思了，并且开始发表类似的看法。下一次讨论时，他们果然没有再强迫我参加。

假使读者接受我的意见，也就是下个星期市场有70%的概率上涨，30%的概率下跌。但是再假设上涨只涨1%，下跌则可能跌10%。这么一来，读者要怎么做？是看好呢，还是看坏？

因此，“看好”或“看坏”这两个词，是不必在不确定性状况下做事的人，例如电视评论员，或没有处理风险经验的人使用的。投资人和企业要赚的不是概率，而是沉甸甸的钞票。因此对他们来说，某个事件发生的可能性多大并不重要，重要的是那件事发生时能赚多少钱。利润出现的频率有多高并不重要，它有多少才重要。很少有人带回家的支票是根据他们做对或做错的频率核发的，他们得到的不是利润就是亏损。只有评论家的成败才取决于他们说对或说错的频率，包括一般人在电视上看到的大型投资银行的“首席战略家”。他们和艺人相比，好不了多少。他们知名度高，具有说服力，可以提供一堆数字，不过就功能而言，他们存在的目的是取悦大家。先建立起统计检验架构才能弄清他们的预测是否有效。他们的名气不是来自检验的结果，而是靠口才挣来的。

拒绝预测

除了在那些肤浅幼稚的会议中制造娱乐效果之外，我拒绝以交易员的身份发表“市场预测”，结果弄糟了我和一些亲戚朋友的关系。有一天，家父的一位朋友来纽约，他打了我的电话。他是那种既有钱又充满自信的人，为了确认彼此身份地位的高下，他先在电话中抱怨这趟行程搭协和航空飞机碰到的那些不愉快的事情。他要我告诉他我对于一些金融市场的看法。我真的没什么看法可言，也不想编造任何看法，而且我对市场压根儿一点兴趣都没有。这位绅士的问题接二连三而来，他问我对各国的经济现状有什么看法，问我欧洲各国中央银行的动向，问这问那，无疑是为了拿我的看法，和纽约某大投资公司管理他账户的另一位“专家”的看法相比较。我不隐瞒自己一点头绪都没有，也不为此感到抱歉。我对市场不感兴趣（没错，亏我是个交易员）、不做预测，就这么简单。我接着向他解释我对随机结构持有的一些观念，以及市场预测的正确性能否确认等问题，但他还是要我用更明确的方式，分析圣诞节前欧洲债券市场的走势。

最后，他恼羞成怒，认为我没把他放在眼里。这件事对家父和这位有钱又自信的朋友间的关系伤害很大。这位绅士打电话向家父抱怨道：“我问律师法律问题，他会毕恭毕敬解释得非常清楚明白。我问医生医疗问题，他会给我意见。没有一位专家对我爱答不理。你那傲慢又自负的 29 岁的儿子，眼睛长在头顶上，竟然不肯回答我市场走向的问题！”

稀有事件

我这辈子在市场中做的事，称为“倾力赌一边”最为恰当。也就是说，我试图从稀有事件中获利，这种事件不常发生，而一旦发生便会带来大量回报。我希望自己不常赚钱，而且努力践行。原因很简单，因为我相信稀有事件在市场上并没有得到合理的价值，而且事件越稀有，它的价值被人低估得越严重。

为什么？因为心理偏差的关系。我周围的人搭火车时都太专注于《华尔街日报》第二叠的资料，以致没办法正确地思考随机事件的特质。或者，他们在电视上看了太多大师的现身说法，又或者，他们花了太多时间去升级个人数字助理工具。连经验丰富的操作老将，似乎也不懂频率无关紧要的道理。“传奇性的”投资人罗杰斯说过这样的话：

> 我不买期权。若要住救济院，去买期权不失为另一个好法子。有人为证券交易委员会（SEC）做研究，发现 90% 的期权到期时都会发生亏损。嗯，我算过，如果 90% 的多头期权头寸

都赔钱，那就表示 90% 的空头期权头寸赚钱。如果我看坏后市时必须用到期权，那么我会卖出买权（calls）。

如果不考虑另外 10% 的平均获利有多少，所有期权头寸有 90% 亏损这个统计数字（也就是频率）并无意义。当期权属价内（in the money）时，如果我们平均拿出的赌注是原来的 50 倍，那么我敢说，买期权是住进广厦豪宅的另一个好法子。对罗杰斯先生这种不知区分概率和期望值的人来说，他这辈子似乎赚太多钱了（很奇怪，他是索罗斯的伙伴，而索罗斯这个心思复杂的人，是靠稀有事件起家的。我们后面还会再谈索罗斯这个人）。

1987 年股市崩盘便是稀有事件，我因此成了交易员，这也让我有充裕的时间追求各式各样的学问。第一章提到过较不赚钱的塔利波，他倾向于避开稀有事件，以免受到伤害，这是一种防卫式的方法。我比塔利波更积极、更先进：我利用这种方法规划经营出一种能真正获利的职业生涯和事业。换句话说，我的目标是下非对称的赌注，好靠稀有事件赚钱。

对称与科学

在大部分学科中，这种非对称无关紧要。很遗憾，财务学使用的技术，往往是从其他领域引进的。财务学还是个相当年轻的学科（肯定称不上“科学”）。在财务学以外的大部分领域中，当不同的结果所获回报的差距不是很显著时，把极端值从样本中剔除并不会造成问题，譬如教育和医学便是如此。教授在计算学生的平均分数时，可以把称作离群值（outliers）的最高分和最低分剔除，然后计算剩余分数的平均值，这种做法没什么不好。一般预测天气时，也可以如此对待处于上下两个极端的气温数据，因为异常的温度可能扭曲整体的结果——不过接下来将谈到，预测冰帽未来的特征时，这么做可能会酿成大错。学财务的人借用了这种技术，因而也忽视了不常发生的事件，以及可能导致一家公司破产的稀有事件。

许多自然科学家也这么笨，误解了统计数字的意义。有关全球变暖效应的辩论，便是很有名的一个例子。许多科学家在全球变暖效应发生的早期阶段，并没有注意到这件事，因为他们把温度突升的数据从样本中剔除了，认为这种事情不可能再度发生。规划度假行程时，将极值从平均温度的计算中剔除可能是好法子，但在研究气象时却不能这么做。科学家起初忽视了，温度突升的现象虽然少见，却会对冰帽的融化产生巨大的累积性效果。和财务学领域一样，某个事件虽然罕见，但如果会产生巨大的影响，我们就不能视而不见。

从图 6–1W_0的起始水准起，画下一连串的点，止于标示的期间。这张图可以看成你偏爱的操作策略获得的成果、一位投资经理人的绩效记录、文艺复兴时期佛罗伦萨一般豪宅每平方英尺[1]的价格、

① 1 平方英尺 ≈ 0.093 平方米。——编者注

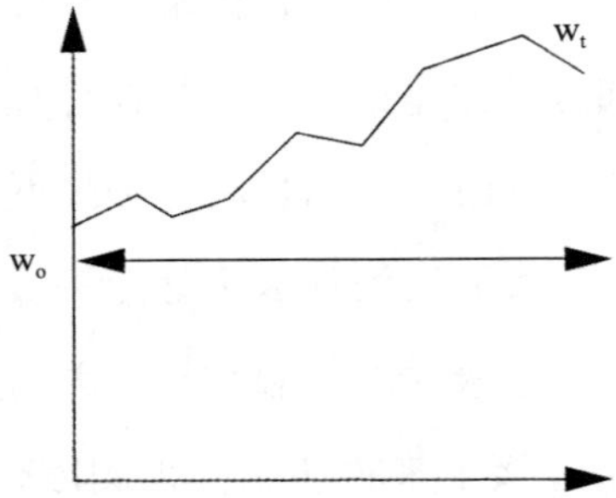

图 6–1

蒙古股票市场的股价走势，或者美国与蒙古股票市场的价格差距。它由 W_1、W_2 等一系列的观察值依序构成，后面的观察值在前一个观察值产生后产生。如果我们面对的是凡事都很确定的世界，也就是说，这个世界不存在随机性，那么事情处理起来会相当容易。这个序列形态会揭露很多可以预测的信息，你能够在一天前、一年前，甚至 10 年前就准确预测到会发生什么事。我们不需要统计学家，二流的工程师就已够用了。他甚至不需要取得现代的学位，只要受过 19 世纪的拉普拉斯变换（Laplace）训练，就能解这些微分方程式或者运动方程式，因为我们研究的是实体的位置随时间而变化的动态过程。

如果我们将随机性考虑进来，那么事情处理起来也一样容易，因为我们已经为此创造出了一个称作计量经济学的研究领域。你可以找来脾气很好的计量经济学家，请他用他的软件计算数据后根据运算结果，告诉你有某种绩效的交易员是否值得投资，或某种交易策略是否有效。你甚至可以用低于 999 美元的价格，买到他的软件，这样在下次下雨的周末你就可以自己运行程序了。但是我们没办法确定我们的世界是否真的那么清楚明白。我们会发现，通过分析过去的特征而得出的结论，偶尔可能有用，但也可能缺乏意义，有时甚至会误导你往相反的方向走。有些时候，市场数据成了陷阱，让你看到和它的本质相反的形貌，促使你投资错误的证券，或者害你疏于应对风险。举例来说，有史以来最为稳定的货币，却最容易崩跌。投资人为了安全而选择马来西亚、印尼、泰国等国紧盯美元的货币，但竟然在 1997 年夏天遇到苦涩的挫败。这些国家为求消除汇率的波动，采取货币紧盯美元的制度，到头来却仍免不了突遭巨幅贬值。

根据过去的信息预测未来时，我们可能太过马虎，也可能太过严格。我无法接受将过去的一个时间序列作为未来表现的指针。除了数据，我还需要更多的东西。我的主要理由在于稀有事件，但还有更多的其他理由。

表面上看，我在这里提出的看法，和先前指责人们没有从历史学到足够多东西的说法相抵触。问题在于我们太重视肤浅的近代历史，以致会说出“这种事情以前从未发生”这样的话。如果去看更宽广的历史，我们会发现，某个地方从来没有发生的事，最后往往会发生。换句话说，历史告诉我们，以前从未发生的事，后来也有可能发生。狭隘的时间序列没有教的东西，历史却教了我们许多。视野越宽广，我们得到的教训就越多。历史教我们不应该迷信天真的经验论，而应观察偶然遇到的历史事实。

稀有事件的谬论

出乎意料的事件

稀有事件极其善于掩饰，其可能以各式各样的形貌示人。它首先在墨西哥被观察到，学者称之为比索问题。20 世纪 80 年代，计量经济学家对墨西哥经济变量的表现大惑不解。货币供给、利率，或者略微沾上一点边的类似变量，全都扑朔迷离，为其建构模型的努力几乎全告失败。这些经济指标先是维持稳定，然后出现怪异的变化，在没有发出任何警报的情况下短暂而激烈地波动，然后又恢复稳定。

广而论之，我为稀有事件贴上的标签是：所有能使“风平浪静的海面”这句格言站不住脚的事情。俗话常说，看起来彬彬有礼像个善良公民的老邻居，会在某天你在报纸上看到他的通辑照片时令你大吃一惊。在那之前，没人知道他曾经作奸犯科，没有人猜得到那么病态的行为竟然会出自看上去那么好的一个人。我认为稀有事件的发生是由于人们以狭隘的心态去解读过去的时间序列，并误解了其中的风险。

稀有事件总是出乎意料地发生，否则它们就不叫稀有事件了。典型的例子如下，你投资某种避险基金，享有稳定的报酬率，不曾遭遇大起大落。直到有一天，你收到一封信，信里开门见山地说：“由于无法预见和出乎意料的罕见事件……”但是事件之所以罕见，正由于它们出乎意料。它们通常是恐慌造成的：投资人争相夺门而逃，不约而同地想尽快倒出手上拥有的所有东西。如果基金经理人或交易员早就料到此事，他们当初就不会去投资，稀有事件也就无从发生。

稀有事件不限于一种证券，它很容易影响整个投资组合的表现。比方说，许多交易员会买进抵押证券，并以某种方式避险，以冲销风险并消除波动性。他们这么做，是希望得到高于财政部公债报酬率的某种利润。金融市场经常以财政部公债作为某项投资最低期望报酬率的基准。他们利用计算机程序，也请应用数学、天文物理、粒子物理、电机工程、流体力学的博士帮忙，有时也请财务学博士协助，不过这种情形极少。这样的投资组合长期提供稳定的报酬率。接着，突然之间，好像出了意外似的（我不认为那是意外），投资组合的价值重挫 40%，而你本来预期最糟不过跌 4%。你打电话给经理人，表达你的愤怒，但他告诉你那不是他的错，说类似的基金也遭遇了相同的问题，然而你们之间的关系还是起了剧烈的变化。

前面提过，有些经济学家称稀有事件为“比索问题”，所谓比索问题并不是由刻板印象产生的。20 世纪 80 年代初起，墨西哥这个美国南部邻国的货币一直没有起色。长期的稳定吸引大批银行货币交易员和避险基金经营者前往平静的海面，买进墨西哥比索，由于利率很高，他们乐于持有这种货币。接着他们“出乎意料”地“炸毁”，赔掉投资人的钱，也赔掉自己的工作和前途。之后又出现一段稳定期，新的货币交易员不知道这里曾是尸骨累累的战场，于是纷纷买进。他们被墨西哥比索吸引，于是故事重演。

大多数固定收益的金融商品都曾发生过稀有事件，这倒是挺奇怪的一件事。1998 年春，我花了两个小时，向当时一位重量级避险基金经营者解释比索问题的观念。我不厌其详地解释这个观念已经普遍化，任何一种投资形式，只要是以天真幼稚的态度解读以前时间序列的波动性，都适用这个观念。没想到他竟然回答："你说得一点没错。我们不碰墨西哥比索，只投资俄罗斯卢布。"几个月后，他"炸毁"了。在那之前，俄罗斯卢布的利率相当诱人，各式各样的高收益经理人争相买进。1998 年夏，他和持有卢布计价资产的其他人，赔了将近 97%。

第三章谈过的那位牙医，不喜欢价格忽上忽下地波动，因为这会使他经常感到痛苦。他越频繁地观察自己的投资组合，越有可能在更短的时间内感受到更多波动，从而产生更多的痛苦。同样，投资人可以基于情感因素采取偶尔有波动的投资策略，但这种情况下，只要一有波动，幅度都很大。这叫作掩耳盗铃，把随机性塞到地毯底下。

我们可以观察这个问题的另一个层面。假想有个人从事科学研究，日复一日，他埋首在实验室中解剖老鼠，远离外面纷扰的世界。他可能经过好几年研究，仍然一无所成。这位失败者每天晚上带着一身老鼠尿骚味回家，老婆或许已经失去耐性。但是到了某一天，好的！他的研究有了惊人的发展。虽然还没取得任何实质成果，然而一天天过去，他获得成功的概率已越来越高。

出版公司也是一样。它们出版了一本又一本的赔钱货，却从来不会质疑自己的运营模式。因为它们只要每隔 10 年出一本像《哈利·波特》这样的超级畅销书，就够吃很长一段时间。当然前提是概率虽小，但它们出版的书确实具有成为超级畅销书的潜质。

金融市场中，有一类交易员是靠反向稀有事件为生的。对他们来说，波动往往是好消息。这些交易员经常赔钱，只是金额不大。他们很少赚钱，不过一赚就是一大笔。我称他们为危机猎人，并十分乐意成为其中的一员。

为什么统计学家察觉不到稀有事件？

在外行人眼里，统计学相当复杂，但目前通用的统计学背后的观念其实十分简单。我的法国数学家朋友竟然说它们就像炒菜那般容易，只是我不敢苟同。总而言之，那是一个简单的概念：你得到的信息越多，你对结果就会越有把握。但问题来了：有多大把握？常见的统计方法指的是信赖水准稳定升高，但是它和观察数的比值并不是线性关系。也就是说，样本数如果增加 n 倍，我们的知识只增加 n 的平方根倍。假使我从装有红球和黑球的罐子内取球，那么取了 20 次之后，我对罐子内红球和黑球的相对比例怀有的信心，并非取了 10 次之后的两倍，而是只有 2 的平方根（1.41）倍。

统计学显得复杂且让我们搞不懂的地方，在于分布非对称性，如上面所说的罐子问题。即便在满是黑球的罐内取到红球的概率为零，我们对罐内没有红球的信心也增加得非常慢，比期望中的平方根值还慢。相反的，一旦取到一颗红球，我们对罐内有红球的信心会急速增加。这种知识的非对称可不是件小事，它是本书的核心，也是休谟和波普尔等人致力研究的重要哲学问题。

要评估一位投资人的表现，我们或者需要更敏锐、直觉成分较低的技术，或者就得在我们所做的判断和这些事件发生的频率无关的条件下，做出评价。

不可靠的统计

但是有些情况可能更糟。如果红球的数目随机分布，那么我们就永远无从得知罐内的组成。这称作定常性（stationarity）问题。假使罐底有个洞，而在我抽样时，有个小孩搞恶作剧，在我不知情的情况下，加进某种颜色的球。这时我再怎么推论都没用。我可能推论罐内有 50% 的红球，而那个顽皮的小孩一听，马上把所有的红球取出，并放进黑球。这么一来，我们通过统计获得的知识并不可靠。

同样的影响也会发生在市场上。我们把过去的历史视为单一的同质型样本，并且相信观察过去的样本后，我们对未来的知识即可大增。但是如果那个顽皮小孩改变罐子内色球的组成会怎么样？换句话说，如果事情改变了，情况会变成什么样？

自 19 岁以来，我大半辈子的时间都花在研究和应用计量经济学上，包括在课堂上和担任计量衍生性金融商品交易员时。计量经济学这门“科学”是指将统计学应用到从不同的时期（我们称为时间序列）选出的样本上。它的作用是研究经济变量、资料和其他事物的时间序列。我当初几乎一无所知时，很怀疑那些已故或已退休的人的行为时间序列，对于预测未来是不是有帮助。比我懂很多的计量经济学家不问这种问题，因为那无异于自曝其短，徒然让人知道自己的愚蠢。知名的计量经济学家裴沙连曾经回答过类似的问题，他建议对方“更多和更好地研究计量经济学”。我现在相信或许计量经济学中的大部分内容毫无用处，财务统计学家所学的很多东西根本不值一学。对总和为零的事情来说，就算重复 10 亿次，总和还是零。同样，如果不打好坚实的基础，那么再怎么研究，做得再怎么复杂，终归毫无价值。

研究 20 世纪 90 年代的欧洲市场，对历史学家肯定很有帮助，但由于时移势迁，机构和市场的结构已经改变，我们现在能做出什么样的推论？

经济学家卢卡斯说，如果人是有理性的动物，那么理性会引导他们从过去整理出可以预测的形态，并且有所应对。这句话打了计量经济学一巴掌。由此可见，在预测未来时，过去的信息完全没有用处。卢卡斯以数学的形式阐述这个论点，结果赢得了诺贝尔经济学奖。我们是凡夫俗子，并且按照既有的知识去行动，而现有的知识也把过去的资料涵盖在内。我用以下的比喻来解释他的论点：如果理性的交易员察觉到股价会在下周一上涨，那么这种趋势马上会变得显而易见。人们预计下周一股价会上涨，于是纷纷在周五买进，到头来反而把这种趋势给消除了。如果在经纪公司开户的每个人都能察觉某些情况，那么根据这些情况行动并无意义，因为它们会被消除。

不知道为什么，卢卡斯的批评并没有被这些“科学家”听进耳里。工业革命的科学成就带给人们信心，使他们相信自己能够将这些成果带入社会科学。伪科学吸引了一大批理想主义笨蛋，经济学家最有可能如此使用科学。你用一大堆方程式充内行时没人能够揭穿你，因为根本没有办法进行对照实验。包括我在内的批评这种方法的人，斥之为科学万能主义，它的精神延续到了财务这门学科，一些技术人员认为他们的数学知识，可以带领他们了解市场。“财务工程”的应用就带有浓重的伪科学色彩。应用这些方法的人，在衡量风险时是以过去的历史作为未来的指针的。这里我们只想说，由于分布有可能缺乏定常性，这整个观念可能大错特错，并有可能使人们付出非常惨痛的代价。这又把我们引向一个更为根本的问题：归纳法问题。下一章我们就要讨论这个问题。

第七章

归纳法的问题

> 索罗斯到处宣称自己容易犯错，却仍拥有那么强大的力量，因为他知道自己的缺点，其他人却自视甚高。

被漠视的归纳问题

接着我们从比较宽广的科学知识的哲学角度来讨论相同的问题。关于推论，有个问题很有名，其被称作归纳法问题。这个问题困扰了科学界很长的时间，但是科学界不像金融市场那样深受其害。为什么？因为随机成分加剧了归纳问题在金融市场中的影响力。归纳问题在金融界的重要性甚于其他任何地方，但却比在其他地方更遭人漠视！

黑天鹅

苏格兰哲学家休谟在他的《人性论》(*Treatise on Human Nature*)中以下述方式讨论了这个问题：我们看到的白天鹅再怎么多，也没办法据以推论所有的天鹅都是白的，但是只要看到一只黑天鹅，就可以证明并非所有天鹅都是白的。这个问题就是后来穆勒提出的“黑天鹅问题”。

休谟对于他所处的18世纪的科学受到培根的影响，从经院哲学转变为对天真的经验论的过度反应深恶痛绝。经院哲学奠基于演绎法则，不强调对真实世界的观察。培根反对在没有实际成果的情形下，结成“学习蜘蛛网”。受到培根的影响，科学转而强调经验的观察。问题是，如果方法不适当，经验观察会引导人们误入歧途。休谟警告我们不要形成这样的知识，并且强调搜集和解读知识时应该持严谨的态度——这称作知识论。上述内容并不十分忠于史实，因为休谟的口气比这更糟。他是十分严重的怀疑论者，从来就不相信两件事之间真的存在因果关系，但本书略微冲淡了他在这方面的色彩。

尼德霍夫的获利方法

尼德霍夫有如财务学领域中的培根。他率先反对芝加哥大学的“学习蜘蛛网”，以及20世纪60年代人们虔诚信奉的高效率市场理论。他与信奉经院哲学的金融理论家相反，致力于观察资料，希望从中找到异常现象，而且真的找到不少资料，写出了深具洞见的《投机客养成教育》（*The Education of a Speculator*），在充满随机性的职业生涯中大放异彩。此后，称作“统计套利客”（statistical arbitrageurs）的一批交易员崭露头角，早期的大人物和操作最成功的交易员都是他的信徒。尼德霍夫曾经栽过跟头，但他的一些信徒表现得很好，因为他们把严谨的态度和方法论加进统计推论中。换句话说，尼德霍夫的经验论中少了一些方法论。

我得承认，虽然我的见解和他不同，却受到他的经验论启发，这对我的知识累积大有裨益。1996 年，尼德霍夫向我指出，任何“可检测”的陈述都应该加以检测，我的操作风格从此有了转变。他的建议一语中的、其理至明，但我一直没有那么做。可检测的陈述是指能够细分出定量成分，并接受统计检查的语句。例如，有句老话说：

车祸经常发生在家的附近。

为了验证这句话对不对，我们拿车祸发生的地点与驾驶人住处的平均距离来检验这个命题，比方说，约有 20% 的车祸发生在离住处半径 12 英里[①]的范围内。但是在解释时，我们必须十分小心谨慎

① 1 英里 ≈1.609 千米。——编者注

才行。天真的解释者会说，和在远地开车比起来，在家附近开车发生车祸的可能性较高。这正是经验论天真无知之一例。为什么？车祸常发生在离家近的地方，可能只是因为人们较常在家附近开车，例如有 20% 的时间是在离家半径 12 英里的范围内驾车。

从那一天起，凡是可以验证的命题，我都会去验证，而这得感谢我那台极少用于非运算工作的计算机。不过尼德霍夫和我之间的差异仍然很大：我是用数据去否定某项命题，而不是去证明它。我用历史是去驳斥，而不是去确认某项推测。比如下列陈述：

在提出预测的这 3 个月内，市场绝对不会下跌 20%。

这个陈述可加以验证，但就算证实，也毫无意义。我可以找到反例来推翻这个命题，单单因为过去的资料显示在任何 3 个月的期间内，市场从未下跌 20%，我没办法接受这句话。

我们回头谈黑天鹅问题，先看下列陈述：

陈述 A：没有一只天鹅是黑的，因为我看了 4 000 只天鹅，没看到一只是黑的。

陈述 B：并非所有的天鹅都是白色的。

不管这辈子我已经看过多少只白天鹅，以及将来会再看到多少只白天鹅，都没办法推断出陈述 A 那样的话——除非我有幸看过天底下所有的天鹅。但是只要发现一只黑天鹅，陈述 B 就可以成立。事实上，在澳大利亚见到乌黑的黑天鹅后，陈述 A 已遭否定！读者由此可以了解波普尔的理论：这两个陈述有强烈的不对称性。这种不对称性存在于知识的基础上，也存在于我在交易员工作中处理随机现象的核心原则里。

下面的归纳性陈述说明了不以逻辑方法解读过去的资料所产生的问题：

> 我刚对布什总统的一生做了彻底的统计检视。58 年来，总共观察了 21 000 次，他没有一次死掉。因此我可以宣称他长生不死，而这具有很高的统计显著性。

虽然尼德霍夫和我的交易方式南辕北辙，而他经手的许多金融商品最后都由我持有，但我对他仍非常敬重。他靠卖价外期权为生，我则靠买进它们为生。卖出价外期权是赌某个事件不会发生，而我买进价外期权，则只赌它会发生。他试着赚取稳定的收入，我则喜欢偶尔一次来个大丰收。

虽然我们看起来是截然不同的交易员，但表面上却有许多相同的个人特征。或许这些事情值得一提，因为我们都把个人的特征归纳为交易的一部分，而且对于一般人所说的“工作”和“玩乐”的分野，不怎么在意。我们都试着活在经营科学实验室的错觉底下。我们都喜欢与学者、科学家为伍，不喜欢和商人待在一起；和成功的科学家交谈可以避免我们的思维变得僵化。我们都想过着维多利亚绅士型学者那种书籍散落四周的生活，借以避开20世纪常见的许多纷扰。我们都努力凸显个人不俗的气质，以免在知识水平上看起来和常人没有两样。我们都很喜欢每天运动。尼德霍夫仿效的是维多利亚时期的绅士，他崇拜的英雄高尔顿是达尔文的表兄弟，对应用统计学贡献卓著。而我就像一个真正的维多利亚时代的人：我是个不折不扣的古典主义者，且至今仍沉醉于希腊罗马文化中，我崇拜的英雄大多是文学人物。我们都极力避开媒体、电视和报纸，尼德霍夫更是讨厌它们。我们都不喜欢闲谈扯淡，视之如瘟疫，因为这会产生很多"混为一谈表"左栏中的噪声。

索罗斯和波普尔

接着要谈我如何通过另一位交易员发现了波普尔的可贵。他或许是我唯一尊重的交易员。虽然我读过很多书，但在行为上极少受所读的内容影响。我不知道别人是不是也这样。一本书可能让我留下很深刻的印象，但有了其他更新的印象之后，旧印象会慢慢减退。我必须靠自己的力量去发现一些事情，自行摸索得来的东西才能持久。

不过，波普尔的观念例外，它持续留在我脑海里。我是经由自比为哲学家的交易员索罗斯的文章，发现（或者应该说是再发现）了波普尔的观念。索罗斯的一生似乎致力于推广波普尔的观念，但我从索罗斯那边学到的东西，并不是他希望我们学到的那些。谈到经济学和哲学，我的看法和他相左，不过我无法抵挡这位匈牙利人的魅力，因为他和我一样都以身为交易员为耻，宁可见到交易只是知识生活的一个小小延伸，这一点可以从他的第一本书《金融炼金术》（*The Alchemy of Finance*）中看出来。我对有钱人从来不以为然，从不以他们为榜样，看到这样的人或许反而只会收到反效果，因为迅速致富的人经常带有铜臭味。似乎只有索罗斯的价值观和我相同。他希望被人视为商学院教授：碰巧因为他的理念正确而变得富有，但由于无法获得其他知识分子的接纳，只好通过财富实现自身的价值。这就好比登徒子用尽各种方法后，最后只能利用红色法拉利跑车引诱女人。此外，虽然索罗斯在他写的文章中没有明确表示，但他懂得怎么处理随机性，方法是保持批判性的开放心胸，而且不以改变看法为耻，但这样的副作用是使他把人当作餐巾看待。他到处宣称自己容易犯错，却仍拥有那么强大的力量，因为他知道自己的缺点，其他人却自视甚高。他了解波普尔，也过着波普尔式的生活。

对我来说，波普尔的观念不是新东西。青少年时期在欧洲和美国接受教育时，我曾听过波普尔的大名，但看不懂他的理论，也不觉得这些理论对生命会有什么重要之处。那个年纪总觉得必须读很多东西，却没办法停下脚步思考。由于那种急迫感，当时不觉得波普尔有什么重要。

之后波普尔从我脑海中消失。此外，当我开始从事金融交易后，我进入了反知识分子的阶段。我必须十拿九稳地赚钱，才能挣回刚在黎巴嫩战争期间失去的未来和财富。我突然感到财务上很没保障，而且害怕成为某家公司的员工，变成只谈“工作伦理”的企业奴隶。我需要有厚实的银行户头作后盾，才能买到时间去思考和享受人生。我不想过着空谈哲理却只能在麦当劳打工的生活。在我看来，哲学是闲得没事干的人打磨修辞的天地，是留给那些不熟悉计量方法和其他生产性工作的人研究的，是三更半夜在校园附近的酒吧打发时间用的。直到我当上交易员后，才再度接触波普尔的观念。

据说人们通常记得在什么时候、什么地方被某个重要的观念感动。我也记得一清二楚。受到索罗斯的激励，1987 年我在纽约 21 街和第五大道路口的巴诺书店（Barnes & Noble）一口气看了 50 页《科学发现的逻辑》(*The Logic of Scientific Discovery*)，并且疯狂买下双手抱得动的所有波普尔著作，因为担心以后会缺货买不到。

我发现波普尔和我当年印象中的“哲学家”恰巧相反，他并不流于空谈。这时我当期权交易员已有两年的时间，并对学术界的财务研究心生反感，尤其因为我的收入都得归因于他们的模型失灵。由于已经涉足金融衍生商品，我开始找财务学者研究讨论，但是却很难让他们弄懂金融市场的一些基本要点。我总觉得这些研究学者错失了某样东西，但不太清楚那到底是什么。令我困扰的不是他们学得的知识，而是他们学习的方法。

波普尔的答案

关于归纳法的问题，波普尔有个很重要的答案。没有人像波普尔那样，对科学家研究科学的方式有那么大的影响，但是仍有许多专业哲学家认为他太过天真。他表示，科学并不像表面上看到的那么严肃，世界上只有两类理论：

第一，经过检验并以适当的方法予以驳斥的已知为错误的理论。

第二，尚未得知是否错误或者尚未遭否证，但将来有可能被证明为错误的理论。

为什么没有一个理论正确？因为我们无从得知是否所有的天鹅皆为白色。其中使用的检验机制可能有误，但是我们仍旧可以提出这样的陈述：世界上有黑天鹅。理论无法被验证，只能暂时被人接受。用棒球教练贝拉的话来说，过去的资料里面有很多好东西，可惜的是它也有坏的一面。落在这两类理论之外的，就不叫理论。如果一个理论没有包含一组可以被验证为错误的条件，那么只能称之为骗术——否则无法加以驳斥。为什么？因为占星家总是能够找到理由去解释过去的事件，比如说“火星在线上但运势不太强”。同样的，在我看来，如果没有什么事情能够改变一位交易员的看法，那么他就称不上交易员。牛顿物理学和占星术的差别说起来很讽刺。牛顿物理学是科学，因为它允许我们证明它是错误的，而且确实已被爱因斯坦的相对论推翻了；然而占星术却不能被证明错误，因为它没有提供条件让我们驳斥它。这一点成了判别科学和胡说八道的基础，称作“画界问题”（the problem of demarcation）。

在我看来，更切合实际的是，波普尔觉得统计学和统计学家问题重重。他拒绝盲目接受“知识总是随着信息的增加而增加”的观念——这是统计推论的基础，或许适用于某些案例，但我们不知道何者为是。凯恩斯等许多见识卓越的人，也分别得到过相同的结论。批评波普尔观念的人，认为相同的实验一再得到有利的结果时，应该会使我们对它的“可行性”更感安心。我第一次看到稀有事件横扫交易室之后，更能理解波普尔的观点。在他看来，在处理已知的事物和未知的事物时，知识和发现并没有多大的用处，我觉得这一点对交易员来说很重要。他的名句：

> 这些人有大胆的观念，却对本身观念的批判不遗余力；他们设法要了解自己的观念是否正确，使用的方法是先了解它们是否可能无误。他们大胆推论，然后极力尝试推翻本身的推测。

“这些人”指的是科学家，但也可能是任何人。

总而言之，这位大师力抗科学的成长。波普尔那个时代，哲学思潮剧变，从清谈高论转为重视严谨与科学性，第四章所说的维也纳学派正是在此时诞生的。这些人有时也称作实证哲学家，源于19世纪孔德在法国倡导的实证主义运动。实证主义意指将各种事物科学化，这等于把工业革命带进软性科学（soft science）。波普尔正是实证主义的解毒剂。依他之见，我们不可能验证理论。一味追求验证，造成的伤害多于其他。波普尔的观念十分极端，看起来非常天真和粗糙，但却是有用的。批评他的人说他是天真的否证论者（falsificationist）。

我也是极其天真的否证论者。为什么？因为当这种人，我才能生存下去。我力行波普尔学说的方式是：我在代表某种世界观的理论下，从事各种投机生意，但条件是没有任何一个稀有事件可以伤害我。事实上，我还希望从所有想象得到的稀有事件中获益。我对科学的看法与周遭自称科学家的人不同。科学只是系统性的推测而已。

开放的心胸

波普尔的否证论和开放社会的观念关系密切。一个开放的社会中，没有一种真理永存不朽，这样的社会允许相反的观念出现。波普尔将他的观念与行事低调的经济学家哈耶克分享。哈耶克主张采取资本主义，因为这种制度中价格能够传递信息，而其他的层级社会则会设法抑制这种信息。否证和开放社会这两个观念，都和我在交易员的日常工作中处理随机性时必须用到的严谨方法有关。这话听起来和直觉相违背。处理随机性时，开放的心胸显然是必要条件。波普尔相信任何乌托邦的理想都是封闭式的，因为它会阻塞本身的反驳能力。认为社会无法开放并接受否证的观念会形成极权主义。

我从波普尔那里学到了开放社会和封闭社会的不同，以及开放心胸和封闭心胸的不同。

没有人是完美的

波普尔这个人，也有一些不完美的地方。了解他私人生活的人，会认为他很不“波普尔”。哲学家兼牛津大学特别研究员墨基和波普尔相交近三十载，称他超脱世俗（年轻时除外），只专注于自身的研究。波普尔活了92岁，最后50年他都自绝于外部世界，以免受外界的纷扰而分心。波普尔也会“对别人的职业生涯或私人生活提供真诚的建议，虽然他对两者实际上一无所知。以上种种当然和他在哲学上宣扬的信念与实务大相径庭”。

年轻的时候，他也没有好多少。维也纳学派的成员对他十分排斥，原因不在于他的观念与众不同，而在于他是个社会问题。“他才华横溢，但以自我为中心、浮躁、妄自尊大、暴烈易怒、自以为是。他听不进别人说的话，不计代价追求辩论的胜利。他不懂得如何与人相处，也没有能力与人商谈事情。”

我不谈言行不一的问题，只谈基因上有趣的事情：我们喜欢表达合乎逻辑且理性的观念，但不见得乐在其中。说来奇怪，这件事直到最近才被人发现。我们还会谈到人的基因中暗含的不理性天性。另一件奇怪的事是，大力自我批判的索罗斯在专业行为上，似乎比波普尔更“波普尔”。

不受黑天鹅的冲击

最后，我要谈的是个人处理归纳问题所用的方法。哲学家帕斯卡表示，对人来说，相信上帝存在是凡人最合宜的策略。如果上帝真的存在，那么相信它存在的人会得到奖赏。如果它不存在，也不会有任何损失。所以说，我们应该接受知识上的非对称。有些情况中，统计学和计量经济学可以派上用场，但我不希望过于依赖它们。

就像帕斯卡，我要说的论点是：如果统计学在某些事情上对我有帮助，我会去用它。如果它构成威胁，那么我就不用它。我会接受过去能给我的最好的东西，但不被它危害。因此我会利用统计学和归纳方法积极下注，但不会用它们管理自己承受的风险。叫人惊讶的是，我所认识的存活下来的交易员，几乎都这么做，他们根据观察到的事情，包括过去的历史去操作，但和波普尔学派的科学家一样，他们一定要确定犯错时的成本十分有限，而且犯错的概率不是从过去的资料推演而来的。和卡洛斯、约翰不同，他们在执行操作策略之前就知道哪些事件会证明他们的推测错误，并预先做准备。证实犯错后，他们会结束操作。这叫认赔止损（stop loss），也就是到了预定的范围，他们会采取行动保护自己，以免受黑天鹅事件冲击。我发现极少会有人这么做。

古典的震撼

我必须坦承，写完第一篇时，梭伦过人的智慧对我的思想和私生活影响极大。第一篇的内容令我更加相信，远离媒体和商业圈中我越来越蔑视的其他投资人和交易员这种做法是对的。我正享受着古典文学的震撼，而这是儿时以来不曾有的感受。由于心灵不受新闻污染，所以我能避开过去 15 年来奔腾不休的多头市场，并从它的消逝中获益。我正在规划我的下一步：重新创造一个信息少、更确定的古代环境，比如 19 世纪，但同时享受目前科技上的若干进步（蒙特·卡罗发生器等），以及所有医疗上的突破和社会公义上的进步。如此一来，样样事情都是最美好的。这才叫作进化。

第二篇　打字机前的猴子
——幸存者偏差及其他

我们只看到成功者，因而形成了对机遇的错误看法，比如说我们常会认为长得英俊漂亮的人薪水会比较高，其实这是因为我们经常只会注意到那些薪水比较高的人，或者说那些薪水比较高的人容易被我们注意到罢了。

如果把无限多的猴子放在打字机前面，让它们去乱敲，那么其中一只肯定会打出一字不差的《伊利亚特》叙事诗。进一步探讨，这个观念可能不像乍看之下那么有趣，因为这种概率非常低。且让我们把这个推理往前推进一步：猴子中的大文豪既已诞生，读者愿意拿毕生的积蓄去赌这只猴子下一次会打出《奥德赛》叙事诗吗？

上段文字中，有趣的是第二步。过去的表现（打出《伊利亚特》叙事诗）在多大程度上可用于预测未来的表现？同样的问题也适用于所有根据过去的成绩，也就是只依赖过去时间序列的属性做的决策。假使那只猴子带着它以前的惊人之作出现在你家门口，你会不会说，嘿，它打出了《伊利亚特》，赶快和它签下一本书的合同？

一般来说，推论上的一大问题是：靠资料下结论的人，往往会比别人更快、更有信心地坠入陷阱中。我们拥有的资料越多，淹没在里面的可能性越高。略懂概率法则的人，往往根据以下的原则做决定：一个人如果没有做对一些事情，那么就极不可能持续有很好的表现，因此绩效记录变得十分重要。他们探究成功的可能规则，并且告诉自己，如果某人过去的表现优于他人，那么将来表现优于他人的概率也很高。但是一如既往，只懂少许概率知识比完全不懂概率的结局更惨。

样本数的意义

我并不否认假如某人过去的表现优于他人，便可推测他将来也可能有更好的表现。但是这种推测非常不可靠，对决策毫无益处。为什么？因为最重要的是两项因素：他从事的工作受随机因素影响的程度，以及有多少猴子参与。

起初的样本数量十分重要。如果总共只有 5 只猴子，我会对打出《伊利亚特》的那只猴子刮目相看，怀疑它是写《伊利亚特》的古诗人投胎转世。但如果有无数只猴子，那就没什么了不起了。事实上，这时要是没有一只猴子凭运气打出名作，我才会感到惊讶。甚至或许会有一只猴子打出美国前副总统戈尔写的《命运未知的地球》（*Earth in the Balance*），还去掉了其中的一些陈词滥调。

这个问题出现在商业领域时，由于这个行业十分依赖随机性，所以影响也更严重。从事商业的人数越多，其中某个人纯靠运气便能有惊人表现的可能性越高。我很少看到有人去数猴子的数目，同理，很少有人去数市场中的投资人有多少，以便计算某段时间里、在这么多投资人的情况下，取得成功的条件概率（不是成功概率）有多少。

对概率的错误评估

猴子的问题还有另一个层面有待探讨：现实生活中，其他的猴子多得数不胜数，也看不见。它们隐藏在某些地方，我们只能看到赢家——失败者自然完全销声匿迹。因此我们看到的是存活者，而且只看到存活者，以致我们对运气产生错误的认知。我们根据的对象不是概率，而是社会对概率的评估。正如我们在塔利波身上见到的，连受过概率训练的人，也会很不明智地受社会压力的影响。

本书第一篇阐述了人们不了解稀有事件，而且似乎不接受它们发生的概率，也不接受这些事情可能产生的悲惨后果。第一篇也谈我个人所持的其他著作似乎不曾探讨的一些观念。但是除了稀有事件造成的扭曲之外，讨论随机性的书如果不谈人们可能遇到的偏差，便不算完整。第二篇的内容比较平实，我将用很快的速度，综合整理目前众多相关著作中各种关于随机性的偏差。

这些偏差可以简述如下：第一，幸存者偏差（又称打字机前的猴子），起于我们只看见赢家，因而对运气持有错误看法；第二，不同凡响的成功最常见的原因是运气；第三，我们在生物构造上缺乏了解概率的能力。

第八章

太多“邻家的富翁”

外表看起来不像有钱人的人，最有可能是巨富？这是双重的幸存者偏差，也就是错上加错。

如何消除失败之痛

何谓快乐

马克和妻子珍妮特以及三个孩子住在纽约市的公园大道。他的年收入有 50 万美元，但视经济景气好坏而起伏。他不相信目前的好光景能够维持下去，对于近来的收入激增，他也还没做好心理准备。马克年近 40，身材矮胖、皮肤粗糙，看起来比实际年龄老 10 岁。他在纽约市从事律师工作，生活优裕但紧张忙碌。他显然不是那种成日饮酒作乐，或者在翠贝卡（Tribeca）和索霍区（Soho）夜夜笙歌的人。夫妇两人有栋乡间别墅和一座玫瑰花园，而且和许多年龄、心性及条件相同的人一样，他们最关心的事物依次是物质上的享受、健康、身份地位。工作日里他通常要在晚上 9 点 30 分以后才能回家，有时甚至在办公室待到接近午夜。一周结束时，马克疲累异常，在开车回家途中，他总是睡意浓重，周六大部分时间也都躺在床上恢复体力。

马克在中西部一座小镇长大，他父亲是位沉默寡言的税务会计师，老是用削得很尖的铅笔工作。他父亲很重视铅笔尖不尖，所以随身携带削铅笔机。马克自小就聪明过人，中学成绩优异，考上哈佛大学，然后进入耶鲁法学院，学历确实不错。毕业后，他从事企业的法律工作，先是在纽约一家著名的法律事务所接办大案子，忙得挤不出时间刷牙。这话可一点不夸张，因为他几乎每天晚上都在办公室用餐，除了累积起成为合伙人的考绩点数，也累积起脂肪。他后来如期在 7 年的时间内当上合伙人，却也付出了一般常见的代价。他的第一任妻子离他而去，因为她厌倦有个老是不在家的律师老公，也因他的谈话品质日益下降而感到厌烦。具有讽刺意味的是，她后来又嫁给另一位纽约律师；这个人的谈吐也许算不上精彩，却让她感到快乐些。

工作负荷太重

虽然偶尔吃点减肥餐，马克的肌肉还是越来越松垮，需要不时将订制的西装拿回去找裁缝修改。过了夫妻离异的消沉期之后，他开始和助手珍妮特约会，不久两人就步上红地毯。他们很快就生了三个小孩，买下公园大道的公寓和乡村别墅。

珍妮特平常碰到的人，不是孩子在曼哈顿私立小学的同学的父母，就是同栋公寓的邻居。从物质条件来说，他们落在这一群人的下层，甚至刚好在最底端。他们是那个生活圈内最穷的人，因为大楼里住的都是大公司的高层主管、华尔街交易员和意气风发的企业家。

你是失败者

住在曼哈顿对马克来说可能是个合理的选择，因为工作时间长，不可能往返上下班。但是珍妮特付出的成本却很高。为什么？因为和别人比较，他们显得相对落魄，尤其是就公园大道社区来说。大概每隔一个月，珍妮特就会处于崩溃边缘，因为到学校接送孩子时，她会因受不了其他妈妈的冷落而感到紧张和羞愧，在公寓大楼等电梯时，看到其他女士戴着比较大的钻石也会让她很难过。他们在那栋公寓里，住的是最小的房子。为什么她先生那么不争气？他不是很聪明、工作十分卖力吗？他的学术能力评估测试（SAT）成绩不是接近 1 600 分吗？那个叫罗纳德什么的，他太太甚至从来没跟珍妮特点过头。马克上过哈佛和耶鲁，智商那么高，为什么积蓄不多？

我们不必多谈马克和珍妮特生活上碰到的契诃夫式困境

（Chekovian dilemmas），但他们的例子正好可用来说明幸存者偏差对于情绪的常见影响。珍妮特觉得自己的先生和别人相比缺乏成就，但她的计算大错特错，因为她使用了错误的样本来判断身份地位的高低。和全部美国人相比，马克的表现非常好，比 99.5% 的同胞都好，和中学时期的朋友比较，他的表现也相当好，如果有时间去参加中学同学聚会的话，可以发现他拥有顶尖的成就，和哈佛的其他同学比较，他的表现比 90% 的人好（当然，是指财务上的成就），和耶鲁法学院的同学比较，他比 60% 的人好。但和住同栋公寓的邻居相比，他落在最底层！为什么？因为他选择居住在非常成功的一群人中间，这个地方没有失败者。换句话说，失败者根本不会出现在那个样本中，而这使他看起来好像一事无成。住在公园大道的人放眼望去看不到失败者，只见得到成功者。落居于非常小的社区中，便很难跨越这个生活小圈圈，去评估自己真正的处境。

就马克和珍妮特来说，他们在情绪上承受了很大的压力。珍妮特嫁给一位事业有成的男士，但触目所及却是相对之下的失败，因为她没办法在感情上用一个公平的样本去衡量丈夫的成就。

有人可能理性地劝告珍妮特："看看一位数学型交易员写的《随机漫步的傻瓜》吧，里面谈到生命中运气的扭曲现象。它告诉你如何从统计的观点看事情，看完你会觉得心情好一点。"身为作者，我很乐意以 27.95 美元的价格卖一帖万能灵药，但凭良心说，它顶多也许只能提供一个小时的慰藉。珍妮特需要更猛的良药。我一再提及，人天生很难保持理性，或者不以社会地位低下为耻，至少就我们目前的DNA（脱氧核糖核酸）密码来说是如此。从理性的推论中得不到慰藉，身为交易员，我知道违反意愿强迫自己保持理性，终归徒劳无功。我建议珍妮特搬离那里，住到蓝领阶级的社区中。这么一来，他们再也不会被邻居看扁，而且身份地位会上升到难以想象的高度。他们可以善用反向的扭曲。

双重幸存者偏差

看上去没钱的有钱人

我最近看了一本畅销书《邻家的百万富翁》（*The Millionaire Next Door*）。两位“专家”写出了这本谬误百出但读来有趣的书，他们试图找出富人常见的一些特质。他们检视了一群当时的富人，发现这些人没有过着奢华的生活，他们称这些人为聚财者：愿意延后消费，以便积聚钱财。这本书最吸引人的地方，来自简单但有违直觉的事实：这些人看起来不太像非常有钱的人——要让人觉得你有钱且在行为上表现出有钱的样子，显然是很花钱的一件事，更别提得花时间去花钱。要过有钱人的生活很花时间，你得找时间去买时髦的衣服、熟悉波尔多葡萄酒、出入昂贵的餐厅。所有这些耗时甚多，你因而无法将心力放在真正该放的地方，也就是积聚财富。这本书给我们的启示是，外表看起来不像有钱人的人，最有可能是巨富。反之，言谈举止看起来很有钱的人，往往财富流失很快，难以扭转。

我不觉得积聚钱财有什么值得歌颂的地方，尤其如果一个人笨到不懂得靠财富获取一些有形利益的话更是如此，除非经常数钱能让他感到乐趣无穷。我可不想为了成为像巴菲特那样的亿万富翁，而牺牲个人嗜好、知性的愉悦以及平常的生活品质。而且如果必须养成斯巴达式（甚至更穷酸）的生活习惯，比如一直住在多年前购买的简陋屋子里，我看不出成为巴菲特有什么意义。盛赞某人那么富有，生活却如此俭朴，我不懂是为了什么。如果俭省度日是最终的目标，那么他应该去当僧侣或社会工作者。我们应该记住：致富纯粹是自利行为，不是社会行为。资本主义的优点在于社会能够善用人们的贪婪，而不是他们的善行，同时也不需要将这种贪婪颂扬为一种道德或知性成就。读者很容易看得出来，除了索罗斯等极少数例子外，我对有钱人缺乏好感。成为有钱人不是一种道德成就，但这不是那本书最严重的瑕疵所在。

我们说过，聚财者是《邻家的百万富翁》一书中的英雄，他们延后支出，把钱省下来拿去投资。不可否认，这种策略或许能够奏效，除了物质享受之外，钱花了就没了。但这本书提到的好处似乎言过其实。细读他们的论点，可以发现他们的样本包含双重的幸存者偏差。换句话说，他们是错上加错。

赢家的能见度

第一个偏差是，他们挑出来当样本的富人，有如打字机前的幸运猴子。作者没有试着去修正他们的统计学错误，因为他们只看到赢家。他们没有提到积聚错误东西的“聚财者”，这些人积聚的东西有即将贬值的货币，以及最终破产的公司的股票；他们也忽视了书中提及的有些人是因为幸运才投资致富的。矫正这种偏差有个方法：把所谓的富翁的平均财富降低，比如说打个对折，因为这种偏差导致我们观察到的百万富翁的平均净财富增加得相当多，这么一来的话，输家也会榜上有名。这么做肯定会使结论得到修正。

表现最好的最容易被看见

第二个瑕疵比较严重，是我已经谈过的归纳法问题。他们的题材专注于历史上不寻常的事件，接受他们的论点，等于接受资产目前的回报率将保持不变。1929 年股市大崩盘之前，投资人也是普遍这么认为的。我在撰写本书时，出现了有史以来声势最浩大的多头市场，资产价值在 20 年间激升。若在 1982 年用 1 美元买入股票，到现在其价格已增长约 20 倍，这还只是一般股票而已。样本中也可能包括有些人投资的股票，其表现优于平均水准。几乎所有的人都能从资产价格的膨胀中赚到钱，换句话说，1982 年起的证券和资产价格上扬，令几乎所有的人都变得富有起来。在市场涨势没有那么强劲期间，运用相同策略投资的人，最后获得的成果当然不同。如果那本书写于 1982 年或者 1935 年，内容绝对不一样。在 1982 年，股票价值受通货膨胀率的影响；而在 1935 年之前，人们对股票市场则普遍缺乏兴趣。

或者，假使美国股票市场不是唯一的投资渠道。于是有些人把钱省下来，不买昂贵的玩具或去度假滑雪，而像我祖父那样改买以黎巴嫩里拉计价的国库券，或者像20世纪80年代我的许多同行一样，向米尔肯（Michael Milken）购买垃圾债券（junk bonds），他们的命运将如何？将历史往前推，如果聚财者像我曾祖父那样，买的是有沙皇尼古拉二世签名的俄罗斯帝国债券，而且还本后还买更多，或者购买20世纪30年代的阿根廷不动产，下场将如何？

长久以来人们一直犯下忽视幸存者偏差的错误，连专业人士也不例外，有时甚至更为严重。怎么会这样？因为我们受到的训练，是要善用摆在眼前的信息，并忽视我们没有看到的东西。

我们做个简短的总结：我们经历的现实只是所有可能出现的随机历史中的一个，我们却误将它当作最具代表性的，忘了还有其他可能性。简言之，幸存者偏差的含义是“表现最好的最容易被看见”。为什么？因为输家并没有现身。

落入陷阱的大师

基金管理界到处都是大师级人物。但很显然，这个领域充满了随机性，大师也可能落入陷阱，特别是如果他没有受过适当的推理训练的话。撰写本书时，有个大师不幸地养成了就这个主题发表著作的习惯。在同行协助下，他对“罗宾汉”式的投资策略进行成功概率计算。这种策略是指把钱投到一群经理人中表现比较差的人身上。也就是说，你得把钱从赢家那里取回来，然后投到输家那里。这和一般人认为的应该投资赢家经理人，把钱从输家经理人那里撤回的想法大相径庭。这么做的结果是，他们的“账面策略”（paper strategy）获得的报酬远高于紧抱赢家经理人的策略。在他们看来，这个假设性的例子证实了我们不应该只跟随比较优秀的经理人，而应该尝试投资表现最差的经理人。至少他们想要传达的似乎是这样的信息。

他们的分析有个严重的缺点，学财务经济学的研究生应该能够一眼就看出。他们的样本中只有幸存者，而缺少已退出这一行的经理人。这种样本中只有在仿真期间操盘，且迄今仍在操盘的经理人。没错，他们的样本中也有表现不好的经理人，但也只是表现不好或事后有改善的，并没有退出这一行的人。他们把钱交给在某个时点表现不好的经理人去投资，后来该经理人的绩效转好，投资人当然可以获得正收益！要是该经理人的表现还是很差，他就会被迫退出这一行，不会留在样本中。

如何进行合适的仿真？比方说，可以找负责操盘工作已达 5 年的一群经理人，然后仿真到当下。退出这一行的人，显然绝大多数是操作失败者，因为在油水这么多的这一行，极少有人会因为赚太多钱而退出。接下来我们将用比较技术性的方法，探讨这些问题。

第九章

买卖证券比煎蛋容易

> 一群整体能力欠佳的经理人中，仍会有少数人的绩效记录很好。就是蒙古首都乌兰巴托的温度变化，也可能与某种证券的价格走势百分之百相关。

今天下午我和牙医有约，主要是因为他想问我有关巴西债券的事情。我可以相当放心地说，他懂得怎么治疗牙疾，我带着牙痛进入他的办公室，出来时疼痛大幅减轻，这使我对他的信心更强了。对于治疗牙疾一窍不通的人，很难减轻我的疼痛，除非他那一天运气特别好，或者是这一辈子运气都很好，虽然对治疗牙疾一无所知，却还是成了牙医。看到他墙上挂的学位证书，我这样想道：他若是纯凭运气，很难在考试时一再答出正确的答案、使实习时处理几千颗龋齿的结果令人满意，并最后侥幸毕业。

那天晚上，我计划去卡内基音乐厅听演奏会。我对那位钢琴家所知不多，甚至忘了她那念起来很拗口的外国名字，只记得她曾在莫斯科某所音乐学院研习，但我依然相信我能够听到美妙的钢琴演奏。这位钢琴家由于拥有精湛的钢琴演奏技巧而登上了卡内基音乐厅，因而不太可能被证明是纯靠运气获得了名望。不幸碰到一位骗子在台上乱敲发出刺耳的声音，这种概率确实很低，所以我把它完全排除。

上个星期六我在伦敦。星期六的伦敦很奇妙，人群熙攘，但看不到上班日子里机械工业的忙碌景象或者星期日的冷清。我手上没戴表，也没特地想到哪里去，就这样信步逛到维多利亚与阿尔伯特博物馆（Victoria & Albert Museum），站在我喜爱的卡诺瓦雕刻作品前面。由于过去的专业训练，我心里马上浮现一个疑问：随机性是不是在这些大理石雕像完成的过程中扮演了某种重要的角色？这些雕像栩栩如生，比大自然本身的创作更为和谐与平衡。如此精巧的作品有可能是运气的产物吗？

我也可以对在现实世界或在极少出现随机现象的行业中工作的任何人，提出相同的问题。但事情一旦和商业扯上关系，就会出问题。我现在觉得心烦，因为很不幸，我明天和一位基金经理人有约，他想请我和我的朋友帮忙找投资人。他自称绩效记录良好，我只能推论他已经学会买卖证券，而实际上买卖证券比煎蛋还容易。他曾经赚到钱，这个事实或许值得注意，但并不是很重要，这并不是说绩效记录完全不重要。有些时候，我们可以信赖一个人的绩效记录，但可叹的是这样的时候并不多。读者应该料想得到，那位经理人做出说明时，我一定会毫不留情地猛轰，尤其如果他没有表现出一丁点的谦虚态度或自我怀疑的话。对于每天应付随机性的人，我觉得保持这种态度是应该的。我也可能提出他始料未及的问题，由于他过去的成就，他也许不曾想过这些问题。我或许会告诉他，马基雅维利认为运气在人生遭遇中至少占 50% 的比重（其余则靠机巧和胆识），而那还是在现代市场创立之前的环境中。

本章将讨论绩效记录和历史时间序列中一些有违直觉但很有名的特征。这里所谈的观念，名称有几种，如幸存者偏差、数据挖掘（data mining）、数据探索（data snooping）、过度配适（overfitting）、回归平均值（regression to the mean）等，基本上它们都是由观察者对随机现象的重要性认知错误产生的。这个观念显然令一些人坐立难安。它也可以引用到可能具有随机性，但比较一般性的状况中，例如选择医疗方法或者解读巧合事件。

有人要我说明财务研究对一般科学的可能贡献时，我以数据挖掘的分析和幸存者偏差的研究为例。它们已在财务学中更上一层楼，但可以应用于所有的科学研究领域。为什么财务学的内容那么丰富？因为很少有研究领域像它那样，拥有很多的信息，譬如大量的价格数列，但是它无法像物理学那般进行实验。于是对过去数据的依赖，成了它显而易见的瑕疵。

被数字愚弄

统计学是一把双刃剑

我经常被问到这样的问题："你以为自己是谁，竟想告诉我，这辈子我可能只是纯凭运气才成功？"嗯，没人真的相信自己只是运气不错。我使用的方法是，利用我们的蒙特·卡罗发生器制造出纯属随机的状况。我们可以和传统的方法背道而行，也就是不去分析真实的人希望从中找到的某些属性，而根据既知的属性来创造一些仿真的人物。这么一来，就可以制造某些完全取决于运气的状况，而不必靠一丝技能或"混为一谈表"列出的非运气因素。换句话说，我们可以用人为的力量制造一些供人们嘲笑的无名小子。在我们的设计中，他们不具备任何能力，完全就像安慰剂一样。

第五章谈过有些人的特质恰好暂时很适合当时的随机结构，因而能够存活。这里我们谈的是更为简单的状况，其中的随机结构是已知的。第一个例子是一句流行格言：即使是停住不转的时钟，一天也有两次正确的时候。我们稍为引申一下，说明统计学是一把双刃剑。我们借用前面说过的蒙特·卡罗发生器，虚构1万个投资经理人（不见得必定要用蒙特·卡罗发生器，我们也可以用硬币，甚至使用简单的代数，但用发生器来说明比较精彩且有趣）。假设他们每个人的赚赔概率恰好各半：年底时每个人都有50%的概率赚到1万美元，50%的概率赔掉1万美元。我们再多加一条限制，一旦某位经理人某年的表现很差，便从样本中将其剔除，我们将跟他说再见，祝他余生好运。如此运作很像传奇性的投机分子索罗斯，据说他曾告诉被招来开会的经理人："明年你们有一半的人会出局。"和索罗斯一样，我们的标准定得极高，我们只留下毫无污点的经理人。对于表现不够好的经理人，我们没有耐性。

蒙特·卡罗发生器会掷出硬币，出现正面的话，某位经理人那一年会赚 1 万美元，出现反面则会赔 1 万美元。第一年结束时，预期会有 5 000 位经理人赚了 1 万美元、5 000 位经理人赔了 1 万美元。接着再仿真第二年。同样，预期会有 2 500 位经理人连续第二年获利。再过一年是 1 250 位，到了第四年是 625 位，而第五年只剩下 313 位。在输赢概率各半的游戏中，我们现在有 313 位经理人连续 5 年获利。这纯粹是靠运气得来的。

质疑"依靠能力"

我们把以上论点再延伸，好让它更有趣些。我们创造出一大群人，清一色是能力欠佳的经理人。所谓能力欠佳指的是他们的期望报酬为负值，也就是运气和他们过不去。现在指示蒙特·卡罗发生器从罐子里取球。罐中有 100 颗球，其中 45 颗是黑球、55 颗是红球。每次取出后再将球放回去，因此红球、黑球的比率不会变。如果取出黑球，经理人赚 1 万美元；取出红球则赔 1 万美元。因此每位经理人可望有 45% 的概率赚到 1 万美元，55% 的概率赔掉 1 万美元。平均来说，每一回合经理人会赔 1 000 美元，不过这只是平均值而已。

第一年结束时，我们预期会有 4 500 位经理人获利（占 45%），第二年，其中的 45% 的人获利，也就是 2 025 位，第三年有 911 人，第四年是 410 人，第五年有 184 人。我们封给他们响亮的头衔，让他们穿名牌西装。没错，存活下来的经理人，只占原始群体的 2% 不到。这些人现在是万众瞩目的焦点，没有人会去提另外 98% 的人。我们能够得到什么结论？

第一个有违直觉的结论是：一群能力欠佳的经理人中，仍会有少数人获得极其亮眼的绩效记录。事实上，如果某位经理人不请自来地站到你家门口，你是无法说清他的绩效表现的。即使整个群体都由长期而言必将赔钱的经理人组成，结果也不会有显著的变化。为什么？由于波动性的关系，其中有些人会赚到钱。由此可见市场的波动反而会助长坏投资决策。

第二个有违直觉的结论是：我们所关心的绩效记录的最大期望值，受原始样本的大小影响较大，受每位经理人的运气影响较小。换句话说，某个市场中，绩效记录杰出的经理人数目多寡，主要取决于当初选择这一行而没去做牙医的经理人数目；至于他们每个人的获利能力，影响则没那么大。它同样也取决于市场的波动性。为什么我使用最大期望值的概念？因为我根本不关心平均绩效记录。我能看到的只会是表现最好的经理人，而不是所有经理人。如果 1997 年入行的经理人多过 1993 年，那么 2002 年的“优秀经理人”

会多于 1998 年——我敢说一定如此。

时间会消除随机性

从更技术性的角度来说，我不得不指出，人们往往相信自己能从所见到的样本导出分布的性质。谈到取决于最大值的事物时，我们所推导的则是完全不同的另一种分布，也就是表现最佳者的分布。我们把这种分布的平均值，以及赢家和输家间的无条件分布称作幸存者偏差——这里指的是原来的群体中有约 3% 的人连续 5 年赚到钱。此外，本例也说明了遍历性的性质，也就是时间会消除随机性的恼人影响。展望未来，尽管 5 年来这些经理人获得了利润，我们预期将来某个时期，他们的绩效累计起来的结果会是损益两平。他们的表现不会比原始群体中很早就中箭落马的人好。唉，关键在于“长期”！

几年前，我对那时候的某位“宇内高手”说道，绩效记录没有他想象的那般重要，他觉得这句话很伤人，气得拿打火机掷我。我从这件往事学到很多。务必牢记，每个人都认为自己的成功全凭实力，毫无侥幸，只有失败时才会认为是运气使然。他所在的是一个由“杰出交易员”所组成的在当时获利颇丰的部门。当他在部门内业绩领先群雄时，更是志得意满、不可一世。他们后来在 1994 年纽约酷寒的冬天中“炸毁”——由于格林斯潘出乎意料地调高利率，债券市场暴跌。有趣的是，6 年后我再也看不到他们中任何人仍在交易，这都是因为遍历性。

前面说过，幸存者偏差取决于母群体的原始规模。一个人过去赚到钱这个信息，本身既无意义也不重要。我们必须知道他所属群体的规模。换句话说，如果不知道曾有多少经理人尝试过且失败，我们就没办法评估绩效记录的有效性。要是原始群体只有 10 个经理人，那么我会毫不考虑地把一半的积蓄交给表现优异者。如果原始群体有 1 万名经理人，那我会对他们的操作成果不以为然。这一阵子，不少人都被吸引到金融市场中，许多大学毕业生踏进社会后的第一份工作便是交易员，失败了再转行去当牙医。

如果像童话故事那样，这些虚构的经理人化为真人，其中一位可能是明天上午 11 点 45 分我要见的那个人。为什么我会选 11 点 45 分？因为见面时我会问问他的交易风格，我需要知道他怎么操作，要是那位经理人过分强调以往的绩效，我便会借口说我已经和别人约好一道吃午饭，因而必须赶紧过去。

无巧不成书

接下来讨论现实生活中，我们对机缘巧合的分布所持有的偏见。

神秘信件

1 月 2 日你收到一封匿名信，说这个月股市会上涨。结果股市真的上涨了，但你不以为意，因为大家都知道有元月效应这回事（历年来1月的股价涨多跌少）。到了2月1日，你又收到另一封信，说股市将下跌。这一次，那封信又说中了。3月1日再收到一封信，情形一样。你对那位匿名人士的先见之明很感兴趣，7月，对方邀你投资某个海外基金。于是你把全部的积蓄拿出来投资。两个月后，那些钱有如肉包子打狗，一去不回。你伏在邻居的肩膀上号啕大哭，他告诉你，他也收过两封这种神秘信，但寄到第二封就停了。他说，第一封信的预测正确，但第二封不正确。

这是怎么一回事？那些骗子玩的把戏是这样的：他们从电话簿找出1万个人名，将后市看涨的信寄给其中一半的人，将后市看跌的信寄给另一半的人。一个月后，将有5 000人收到的信预测正确，然后再针对这5 000人如法炮制。再一个月后，剩2 500人收到的信预测正确，如此直到名单上剩下500人，其中会有200人受骗上当。因此骗子只要花几千美元的邮资，便可赚得数百万美元。

网球赛中的电视广告

看电视上的网球比赛转播时，经常会看到一些基金大做广告，吹嘘它们到当时为止的市场表现比别的基金好几个百分点。但是同样的，如果报酬率没有市场的涨幅高，会有人做广告吗？被推销出去的投资产品的成功很可能只是运气好而已。这种现象就是经济学家和保险业者所说的逆向选择（adverse selection）。由于这种选择偏差，评估业务员上门推销的投资产品时，所用的标准应该比你自己去寻找投资机会时所用的评估标准严格。比方说，如果全部的经理人为1万名，那么我主动去找经理人时，有2%的机会碰到纯靠运气而活的经理人。但是如果待在家里，有经理人前来按门铃，对方纯靠运气而活的可能性接近100%。

生日悖论

向不懂统计学的人说明数据挖掘问题时，最简单的方法是利用所谓的“生日悖论”，不过它其实不能算是悖论，只是反直觉的奇怪现象。随便找一个人，你和他的生日碰巧是同一天的概率是1/365.25，碰巧同年同月同日生的概率更是低得多。因此和某人同一天出生，是你会在晚餐桌上大谈特谈的巧事。一个房间内有23个人，任意两人生日为同一天的概率有多少？约为50%。关键在于我们没有指明哪两个人必须同一天生日，任意两人都可以。

世界真小！

一个人在万万想不到的地方偶然遇见亲朋好友的这种情况往往也会造成对概率的类似误解。这时候，人们往往会带着惊讶的口吻说：“世界真小。”但是这种事情并非难以发生——这个世界比我们想象的要大得多。其实我们根本没有真正想过在某时某地遇见某人的概率到底有多少。相反的，我们谈的只是偶遇，也就是和过去认识的任何人，在将来任何地方巧遇的概率。后者的概率高得多，或许比前者高数千个数量级。

统计学家观察资料、测试某种特定的关系时，例如了解政府宣布某件事和股市波动性的相关性，他们很可能对所得的结果信以为真。但是当我们把数据交给计算机去处理，以寻找任何关系时，肯定会有某种虚假的关联性出现，例如股市的涨跌竟和妇女裙摆的高度有关，正如某两人的生日碰巧是同一天，而人们看到这种结果后总是瞠目结舌。

数据挖掘

两中新泽西州彩票的概率有多大？ 17 万亿分之一。但这种事情就是发生在亚当斯身上了。读者可能觉得，幸运之神一定特别眷顾这个人。哈佛大学的戴亚康尼斯和莫斯泰勒利用上面说过的方法估计，某个人在某个地方，以完全未指明的方式，碰到那么幸运的巧事的概率，居然高达 1/30！

有些人的数据挖掘工作已经进入神学的领域——毕竟古地中海人也是从鸟的内脏发现重要的事情。德罗斯宁所写的《圣经密码》（*The Bible Code*）把数据挖掘工作延伸到了《圣经》的注释上，这是挺有趣的一件事。德罗斯宁当过新闻记者，但似乎不曾受过任何统计学的训练。他在一位“数学家”的研究协助下，借解读圣经密码而“预测”到以色列总理拉宾将遇刺，他曾经通知拉宾此事，但拉宾并未当真。《圣经密码》发现圣经在统计学意义上有很多不规则性，因此有助于预测类似的事件。不用说，这本书卖得很好。

书评的偏差

我喜欢逛书店，漫无目的地一本接一本浏览，以思考某本书是不是值得花时间去读。我常常一时冲动，根据肤浅但有提示作用的线索来买书。我往往只看书封的介绍就做决定。书封通常印有某人的推荐语，不管那个人有没有名气。名气响亮且为人敬重的推荐人，或者知名杂志的推荐，会促使我下定决心买某本书。

这有什么不对？我倾向于把书评和最好的书评混为一谈。前者是指对一本书品质的好坏所做的评估，后者则遭相同的幸存者偏差玷污。我把一个变量的极大值分布误认为那个变量本身。除了最好的推荐语，出版公司绝不会把其他任何东西放在书封上，有些作者更过分，他们会找来评语冷淡，甚至持负面看法的书评，并从里面挑一些看起来好像是在赞美的字眼。英国金融数学家威尔莫特说我写的书评是他“头一次遇到的负面书评”，但他却能从里面摘录一些话，放在书封上当推荐语。后来我们成为朋友，我因而有机会讨到他的签名。

我第一次被这种偏差愚弄，是 16 岁时根据哲学家萨特在书封上写的推荐语购买了美国作家多斯·帕索斯写的《曼哈顿中转站》

（*Manhattan Transfer*）。萨特言下之意，指多斯·帕索斯是当代最伟大的作家。寥寥数语，可能是在一时的狂喜和激情中脱口而出的，却使多斯·帕索斯的著作成了欧洲知识界的必读作品，因为萨特的话被误以为是对多斯·帕索斯著作的普遍性看法，而不是最好的推荐语。尽管当时获得一些佳评，多斯·帕索斯最后还是由绚烂归于平淡。

历史资料回测程序

有位程序设计师帮我设计了一套历史资料回测程序（backtester）。这套软件程序连接到一个历史价格数据库，我借此可以观察不同的操作法则能够产生什么样的绩效。由此得出的绩效数字，是根据过去的价格资料计算的。我可以只用机械式的操作法则，比方说，在纳斯达克上市的股票，只要收盘价比上个星期的平均价格高 1.83%，我就买进。有了这个法则，我立马就能算出我的绩效如何。屏幕上会跳出通过那个操作法则得到的假设性绩效记录。如果我对结果不满意，可以把百分率调整为 1.2%。我也可以设定更为复杂的法则。就这么一直试下去，直到找到绩效令人满意的操作法则。

我到底在做什么？没错，是在一组可能行得通的操作法则中寻找幸存者。我拿法则去套用数据，这件事称作数据探索。在运气的作用下，我尝试的次数越多，找到一个非常适合过去数据的法则的可能性也越高。一个随机系列总会呈现某种可察觉的形态。我相信西方世界一定有某种价格和蒙古首都乌兰巴托的温度变化百分之百相关的证券。

到了技术层面，还可以做更糟糕的延伸。沙利文、蒂默曼及怀特最近写了一篇出色的论文，谈到今天通行的法则之所以获得成功，有可能是幸存者偏差的结果。

假使长期下来，投资人从非常宽广的空间中，挑出技术性操作法则来做实验。原则上，这个空间包含数千种参数化后的各种法则。随着时间的推移，以前碰巧表现非常好的法则会受到越来越多人的注意，并被投资圈誉为“重量级的竞争者”，而不成功的操作法则比较有可能被人遗忘。如果一段时间下来，被人视为可行的操作法则数量够多的话，那么在很大的样本中，有些法则就算真的缺乏预测资产报酬率的能力，也会纯因运气，产生十分突出的绩效。当然，这种情况下，只根据一组幸存下来的法则去做推论，可能会产生误导作用，因为这种情况并没有考虑原来全部的法则，这些法则大多不可能有较差的表现。

我在个人的职业生涯中，亲眼看到历史资料回测被滥用的情形，因此不得不说上几句。市面上有一种叫作欧米加交易站（Omega TradeStation）的历史数据回测软件，成千上万的交易员都在使用。它甚至有本身的程序语言。利用计算机操作的冲销交易员经常彻夜不眠，忙着从数据中测试一些性质，他们的行为就像把猴子丢到打字机前面，尽管无法告诉它们应该敲出什么书，它们终究有望阴差阳错地成功。许多人对此深信不疑。

我有位学历显赫的同行，越来越相信这种虚拟世界，以致对现实状况完全视若无睹。终究他还保有一丁点常识，但面对一大堆仿真结果时，这些常识便迅速消失得无影无踪，也或许是他根本连一点常识也没有，这点我实在不明白。仔细观察他的行为，我发现他可能还拥有的怀疑天性，竟在数据的压力下消失不见了。或者，他有十分强烈的怀疑精神，只是用错了地方。唉，休谟！

用统计方法建立医学知识

医学一向是靠试误法（trial and error）来累积知识的，换句话说，医学知识是靠统计方法建立的。我们知道，对症下药有可能是完全靠运气实现的，而且医疗实验中，某些药物治疗成功有时可能纯粹是基于随机原因。我不是医学专家，但 5 年来看了不少医学文献，应该有资格来关心他们的标准，并于下一章进一步说明。医学研究人员很少是统计学家，统计学家也很少是医学研究人员，许多医学研究人员甚至不知道有这种偏差存在。没错，随机原因扮演的角色也许不重要，但肯定存在。最近有份医学研究报告指出，抽烟反而能降低乳腺癌发病率。这与以前所有的研究结果相矛盾。根据逻辑，这个结论有问题，可能纯属巧合。

被业绩数字愚弄

大体来说，华尔街的分析师都受过充分的训练，有能力察觉企业在报告盈余时玩弄的会计花招。这场游戏中，他们通常能够战胜企业界。但是他们还没受过使他们能够处理随机现象的训练。一家公司的盈余在某年增加，没有人会马上注意到。连续两年增加的话，公司的名字开始出现在计算机屏幕上。到了第三年时，分析师就会建议投资人买进。

和前面所谈的绩效记录问题一样，假设一开始有 1 万家公司，平均而言它们只能勉强提供无风险的报酬率，也就是和政府公债差不多的收益率。它们涉足各式各样具有波动性的领域，到了第一年年底，会有 5 000 家“明星”公司的盈余增加（假设没有通货膨胀），另有 5 000 家“蹩脚”公司亏损。三年后，我们会有 1 250 家“明星”公司。投资公司的股票评估委员会会将这些公司的名单交给你的往来业务员，并且“强烈建议买进”这些公司的股票。业务员会留下语音信息，说他有个一手建议，值得你立即采取行动。他会用电子邮件向你发送一长串的公司名称，而你可能因此买进其中一两家公司的股票。负责管理你的退休基金计划的经理人，也同样会取得整张名单。

同样的道理也可用于投资范畴的选择。假设你处于 1900 年，有阿根廷、俄罗斯、英国、德国等许多国家数百个股票市场的投资选择。理性的人不只会买美国等新兴国家的股票，也会买俄罗斯和阿根廷的股票。接下来的历史，我们都很清楚：英美等国的股票市场都表现得非常好，而投资俄罗斯市场的人手头上持有的股票价值却和中等品质的壁纸相差无几。表现很好的国家，占原始投资金额的比重不大；由于随机性，少数一些投资类别可望有很好的表现。有些“专家”会说出一些傻话（当然带有自私的目的），例如“在任何 20 年的期间内，市场只涨不跌”，我很好奇，他们是否知道有上述问题的存在。

癌症治疗

从亚洲或欧洲旅行回来后，时差常使我很早就起床，偶尔我会打开电视机，看看有没有什么市场信息。叫我惊讶的是，这个时段竟有许多另类医药供货商大肆宣传他们产品的疗效，这个时段的广告费无疑比较低。为了证明他们所说的真实不虚，他们会找来用他们的产品恢复健康的人上台做证，比方说，我看过一位罹患喉癌的病人说，他吃了一种复合维生素，结果捡回一条命，而那种维生素的价格十分低，只卖 14.95 美元。他应该是很真诚的，当然他也可能会因为现身说法而得到报酬，例如终身免费得到那种药品。虽然时代不断在进步，人们依然听信这种信息，以为某些疾病可以靠这些方法治好，而科学证据的说服力竟然不敌外表真诚且情绪化的人们的证词。这种证词不一定都出自普通人嘴里，诺贝尔奖得主的越界发言也时有耳闻，例如获得诺贝尔化学奖的鲍林，据说相信维生素 C 具有很好的医疗效果，他本人每天大量服用。由于他的强力推荐，一般人便相信维生素 C 真的具有疗效。医学研究无法证实鲍林的说法，但一般人对此却充耳不闻，他们宁可相信“诺贝尔奖得主”的证词，即使他没有资格讨论和医学有关的任何事情。

有些人信口雌黄，所说的许多话除了为自己赚进银子外，大致无害，但不少癌症患者可能会因此舍弃比较有科学根据的治疗方法，而改用这些“另类医药”，结果丧失宝贵的生命。读者可能要问，我的意思是不是，现身说法的人看起来满脸真诚，却不表示他真的是被那些产品治好的。其实他们的康复有可能是所谓的“自发性复原”，也就是说，由于迄今仍不明朗的原因，极少数癌症患者的癌细胞“神奇地”被消灭了，因此他们“奇迹般”复原了。某种变化导致患者的免疫系统把体内所有的癌细胞全部消灭了，这些人不吃那些包装精美的药丸，只喝一杯佛蒙特州的泉水或嚼牛肉干，也能不药而愈。再者，这些自发性复原或许并不是毫无征兆的，它们实际上可能受某些因素影响，只是我们还没有探明。

已故天文学家萨根致力于提倡科学思想，他十分厌恶不科学的行为。他曾经调查人们到法国卢尔德去，只要触摸圣水便可治疗癌症的传闻。他发现一个有趣的事实：造访该地的全部癌症患者的治愈率低于自发性复原的统计数字，也低于未曾前往卢尔德的患者的平均治愈率！统计学家是否可以据此推论，癌症患者到过卢尔德之后，存活率反而更低了呢？

随机现象看起来不随机

20 世纪初，学者开始研发各种技术来处理随机结果的概念。有几种方法被人设计出来，用以察觉异常现象。皮尔逊教授设计出第一种非随机检定方法。上过统计学入门课程的人都知道内曼－皮尔逊（Neyman-Pearson）检定法。皮尔逊教授设计的非随机检定方法，其实是做偏离正常值的检定，但就目的来说，属同一回事。1902 年 7 月，他调查了数百万个所谓的蒙特·卡罗结果，发现这些结果并非完全随机，而且具有很高的统计重要性，其误差率低于 10 亿分之一。什么？转盘转出的结果并不随机？这个发现令皮尔逊教授大吃一惊。但是这个结果本身并没有告诉我们什么信息，我们知道世界上根本没有纯随机抽样这种东西，因为抽样的结果取决于设备的品质。够多的小事集中在一起，我们就能在某些地方发现非随机现象，例如转盘本身可能不是摆得很平，或者旋转的球不是很圆。统计学的哲学家把这叫作参考个案问题，用以解释完全的随机情况只存在于理论中，而非现实中的现象。此外，经理人会质疑这种非随机现象能否造就真的能够赚钱的法则。如果我需要赌 1 万次，每次下注 1 块钱，才有望赚到 1 块钱，那不如兼差去当大楼管理员。

但是这个结果还有另一个可疑的因素。与现实联系更紧密的地方，是下面所说的非随机性的严重问题。连这位统计学之父也忘了随机连续序列不一定要呈现随机的模式；事实上，数据如果完美到未呈现任何模式，反倒十分可疑，让人觉得有捏造之嫌。单一的随机连续序列势必呈现某种模式——如果我们努力去找的话，一定找得到。皮尔逊教授等学者很早就对创造人为随机数据的发生器很感兴趣，由此得出的随机数表，可以作为各种科学和工程仿真（蒙特·卡罗发生器的前身）的输入资料。问题出在他们不希望这些随机数表呈现任何形式的规则性，而真正的随机现象看起来并不随机！

癌症丛集（cancer clusters）这种现象非常有名，对这种现象的研究，可以进一步说明上述的道理。假设向一个正方形随机掷出16支飞镖，它们插中正方形中任何一个地方的概率相同。现在把这个正方形分成16个更小的正方形。这么一来，我们预期每个小正方形都会插上一支飞镖——但这只是平均值而已。16支飞镖恰好分别插中16个不同的正方形的概率非常低。比较常见的结果是，一些正方形里面会有1支以上的飞镖，而更多正方形上则1支飞镖也没有。这些正方形如果没有呈现如上的规律将是令人诧异的。现在，把插有飞镖的正方形覆盖在任意地区的地图上，一些报纸就会宣称其中某个地方（飞镖数高于平均值者）的辐射太强，因而癌症病例显著增多，并促使律师开始去找癌症患者，准备索赔。

科学知识中的偏差

同理，幸存者偏差也影响了科学，其使研究成果的发表方式受到了冲击，因为没有产生任何成果的研究不会见诸文字，这一点和新闻报道一样。这事听起来似乎挺合理，因为报纸不必弄个耸人听闻的标题，报道昨天没有发生什么新事情（不过圣经倒是充满智慧，说“太阳底下没有新鲜事”。这句话提供的信息是一切事情如常运行)。问题出在将“发现没有事情”和“没有去发现”两者混为一谈。什么事情也没发生这个事实，可能包含重要的信息，正如在《银色马》(*Silver Blaze*)中福尔摩斯指出的，奇怪的事是狗并没有吠。造成更大问题的是，许多科学成果没有发表是因为它们的数据并未呈现统计上的显著差别，不过实际上它们还是提供了一些信息。

不做任何判断比较安全

我常被问到这个问题：“何时才是真的不靠运气？”说实话，这个问题我答不上来。我只能说，某甲的运气看起来比某乙差，但我对这种知识怀有的信心很薄弱，因而不具意义，我宁可存疑。别人经常误解我的意见。我从没说过每位富人都是傻瓜，以及每位不成功的人运气都不好。我只能说，由于缺乏更多的信息，我宁可不做任何判断。这样比较安全。

第十章

生活中的非线性现象

> 要是埃及艳后克丽奥佩特拉的鼻子稍微短些，全球的命运就将改写。

接下来我要从新的角度探讨生命并不公平这句老掉牙的话。令人惊讶的是：生命是以非线性（nonlinearity）的方式呈现不公平的。本章要探讨的是生活中一点小小的优势可以带来高得惊人的报偿的现象，或者更邪恶的是，一无是处的人，却因随机性提供的小小帮助而平步青云。

最后一根稻草

首先我们来定义什么叫作非线性。解释非线性的方法有许多种，但科学上最常见的方法叫作沙堆效应（sandpile effect）。举例说明：我坐在里约热内卢的科帕卡巴纳海滩上，不想做什么费劲的事，我不看书，也不写文章。我向一个小孩借来塑料海滩玩具盖座沙堡——巴别塔。我不断把沙子加到顶端，慢慢提高整座沙堡的高度，我那些住在巴比伦的亲戚认为这么做可以上达天堂。不过我的野心没那么大，我只想测试能够盖一个多高的沙堡。我继续加沙，等着看这座沙堡最后会怎么垮下来。有个小孩八成没看过大人堆沙堡，在一旁看得兴味盎然。

我的沙堡终于垮了，所有的沙子又变成海滩上的一部分，那个小孩看得很高兴。我们可以这么说：最后一粒沙子破坏了整座沙堡的结构。我们在这里看到的是线性力量在一个物体上产生了非线性的效果。多加一丁点东西（这里是一粒沙子），竟然产生了不成比例的后果，也就是使我盖的"巴别塔"轰然倒下。关于这种现象，前人已有很多智慧语录，如"一根稻草压垮一头骆驼"。

这些非线性动态现象有个市场名称，叫作混沌理论（chaos theory）。不过这个名称不对，因为这和混沌无关。混沌理论主要是讨论起点上的一点小差异最后会引起不成比例的反应。比方说，依据人口模式（population models），起始点很小的差异可能导致某一物种爆炸性地成长，或者使它完全灭绝。气象是另一个常见的科学模拟，例如印度的一只蝴蝶扇动翅膀，竟可以在纽约造成飓风。古典文学也有话要说：第七章提到的帕斯卡表示，要是埃及艳后克丽奥佩特拉的鼻子稍微短些，全球的命运就将改写。克丽奥佩特拉艳丽异常，特征是鼻子瘦长，恺撒和他的接班人安东尼对此十分迷恋。

加入随机性

事情的发展在加入随机性之后，会变得更为有趣。试想等候室里有一大堆演员等着试镜，最终获得录用的演员人数当然不多，他们将成为观众眼里那个行业的代表，正如我们所说的幸存者偏差那样。这些赢家将搬到洛杉矶的贝莱尔区（Bel Air）居住，他们会急切地学习怎么购买奢侈品，或许还会染上吸毒的恶习。至于其他占绝大多数的人，我们也想象得到他们的命运，他们将终生在附近的星巴克端送泡沫拿铁咖啡，忙着在这次试镜和下次试镜间调整生物钟。

或许有人会说，能够挑大梁饰演主角并名利双收的那些演员，一定都拥有别人所没有的演技、魅力和特殊容貌，从而为自己赢得一个无比辉煌的职业生涯。但我有不同的意见。赢家也许有不错的演技，但其他演员也有演技，否则就不会在等候室等待试镜。

名气的形成有其自身的动态过程，这是它有趣的一面。演员会因为某一群人认识他，而被另一群人认识，这种名气像螺旋桨一样转个不停，起点可能在试演室。他会被选上，可能是某个可笑的细节恰好对当天主试者的味口。要不是主试者前一天对某个人产生好感，而那个人的名字听起来和眼前这位试演者的很像，那么从这个特定的样本历史中选出的这位演员，可能就必须在另一个样本历史中端送拿铁咖啡了。

赢家通吃

研究人员经常以打字键盘上 QWERTY 的字母排列顺序为例，说明经济中输赢的诡异动态过程，并举证最后的结果往往不是最好的。打字机上字母的排列方式，正是最不胜任者胜出的实例。打字机键盘上的字母并没有以最理想的顺序排列。目前的排列顺序会减慢打字的速度，而不是让我们打起字来更为容易，原因是当初的机械式打字机色带容易卡死，为了避免这种情形，人们发明了这样的字母排列顺序。后来文字处理走向计算机化，有人曾经设计了几种键盘，试图加快打字速度，却终归徒劳无功，打字者已经习惯使用 QWERTY 的键盘打字，很难改变。就像一位演员扶摇直上成为大明星后，原先不认识他的观众也会跟着欣赏称好。强迫发展过程理性化，反而成了多余、不必要、不可能办到的事。这种现象称作路径依赖结果（path dependent outcome），其扼杀了许多数学家建构模型的努力。

信息时代促使人们的品位趋于一致，这导致不公平现象更为尖锐——赢家几乎可掌控全部的顾客。软件制造商微软公司和其喜怒无常的创办人比尔 · 盖茨，正是叨天之幸的最佳写照。我们不能否认盖茨有很高的个人标准、工作伦理，而且智力高于一般人，但业内就数他最优秀吗？这一切都是他该得的吗？显然不是。大部分人选用他的软件，只是因为别人也都在使用他的软件，我就是这样。这纯粹属于循环效应（circular effect），经济学家称之为“网络外部性”现象（network externalities）。从来没人说那是最好的软件产品。比尔·盖茨的大部分竞争对手对于他的成功艳羡不已，他能够赢得那么大一块饼，而其他许多人却必须为公司的生存努力，这件事叫人愤恨难平。

这种事情有违古典经济模式。依古典经济模式，事必有因，没有不确定性这回事，且好人终将出头（好人是指能力较强且拥有较优越技术的人）。经济学家很晚才发现路径依赖效应，之后大量发表这方面的论著。比方说，圣塔菲研究所（Santa Fe Institute）的经济学家布赖恩·阿瑟埋首研究非线性现象后表示，经济优越性取决于概率事件加上正面回馈，而不是技术优越性。也就是说，某个特定领域中定义深奥难懂的某种专长，并无法让人取得经济优越性。早期的经济模式排除了随机性，但阿瑟却表示：“非预期的秩序、与律师的偶然见面、管理阶层的一时起念……对于哪家公司能够率先打开市场，以及哪家公司未来将居于主导地位有决定性作用。”

真实世界内外的数学

处理这个问题的数学取向应运而生。在传统模式（财务领域非常有名的布朗随机漫步等）中，成功的概率并不会随着每踏出一步而变化，只有累积的财富才会。阿瑟则提出了波利亚过程（Polya process），它很难使用，但借助于蒙特·卡罗发生器却很容易理解。波利亚过程可以这么说明：假设有个罐子，起初装有等量的黑球和红球，每次取球之前，你得先猜测取出来的是哪个颜色。这个玩法是被操纵的。和传统的罐子不一样，在这里，猜对的概率取决于前面猜对的记录，猜得更好或更差，要看前面的表现如何。这么一来，先前猜对的话，后来继续猜对的概率会提高；先前猜错的话，后来继续猜错的概率会提高。仿真这种过程，可以看到结果变异很大，有惊人的成功，也有极多的失败，我们称之为偏态。

在比较常见的模式中，玩家是把取出的球放回去后再猜下一次会取到哪种颜色的球。假使你这次赌转盘赢了，这会提高你再赢的概率吗？不会，但波利亚过程会提高再赢的概率。为什么这在数学上很难处理？原因是独立性的观念受到了破坏。独立性是指每一次取球时，都不受先前的结果影响，它是处理（已知的）概率数学的必要条件。

经济学发展成一门科学的过程中，什么地方出了差错？答案是一群聪明人觉得一定得用数学来告诉自己，他们的想法很严谨、他们研究的是一门科学。瓦尔拉斯、德布鲁、萨缪尔森等人急着引进数学模型建构技巧，却没有考虑到也许他们使用的数学，对于他们想要处理的这类问题来说有太多限制；或者他们应该注意，数学语言的精确性可能会导致人们在尚未找到答案时，就误以为他们已经得到了答案。他们所用的数学确实没办法在真实的世界中运作，原因可能是我们需要更丰富的操作程序——而且他们拒绝接受没有数学可能更好的事实。

于是所谓的复杂性理论学家上场救援。专攻非线性计量方法的科学家的研究，令人大感振奋，新墨西哥州圣塔菲附近的圣塔菲研究所为其圣地。这些科学家显然很卖力地尝试，并在自然科学方面提出了很棒的解决方案，在社会科学方面也建立了较好的模型（但还不够令人满意）。如果他们最终没有成功，那只是因为在真实世界中，数学毕竟只属次要的助力。蒙特·卡罗方法的另一个优点，是在数学失灵和缺少帮助时，我们还可以得到结果。摆脱了公式之后，我们也可以摆脱劣等数学的陷阱。正如我在第四章所说，在我们的随机世界中，数学只是一种思考方式，除此几无其他作用。

随机性的优点

随机结果的非线性特质有时可作为打破僵局的一种工具，我们来谈叫作非线性轻推（nonlinear nudge）的一个问题。假设有一头驴子，其饥饿的程度和口渴的程度相等，我们把它放在距食物和饮水恰好等距的地方。这种情况下，它极可能会死于饥饿和口渴，因为它没办法决定先去哪一边。现在在这幅画面中加入随机性，随便把驴子轻轻推向某一边，使它更接近某一边，离另一边稍远些，这么一来，僵局马上打破，这只快乐的驴子将先吃东西再喝水，或者先喝水再吃东西。

读者无疑都玩过和布里丹之驴（Buridan’s donkey）同类的游戏，比方说借“丢硬币”来打破生活中一些小小的僵局，也就是让随机性帮助你做决定，让命运女神做主，你只要欣然接受就可以。

每当我的计算机在两项备选方案之间犹豫不决时，我常会使用布里丹之驴（它有正式的数学名称）来解决问题。技术上来说，在处理最优化问题时，这种“随机化”方法十分有效。

布里丹之驴一词源自14世纪的法国哲学家布里丹。布里丹的死法很特别，他被绑在袋子丢进塞纳河淹死。这个故事被当代不懂随机化含义的人视为好发谬论的下场——布里丹显然领先当时的人。

两极化现象

写这段文字时，我的基金刚好向投资人开放，我也在思考如何募集资金。突然之间，我了解到这个世界的两极化现象对我打击很大。一个人不是大获成功，吸引到所有的资金，就是一毛钱也得不到。出书也是一样，有时是每个人都抢着要出版你的书，有时则是没人肯回你电话。这令我非常不安。太成功容易树敌，太失败则叫人气馁。如果可以选择的话，两者我都不要。

第十一章

我们是概率盲

某些偏见已经深深嵌进我们的大脑里，阻碍我们处理较复杂、可能需要更精确评估概率的问题。

只能想象一种状态

3 月的短暂假期内，你有两个选择，第一个是乘飞机去巴黎，第二个是前往加勒比海。你觉得去哪里都无所谓，没有什么差别；但也许只要你的老婆随便说几句话，你就会选好目的地。想到可能的度假地点时，你的脑海浮现出两幅截然不同的画面。第一幅画面中，你腋下夹着一把伞，站在奥塞美术馆的毕沙罗画作前面，画中乌云密布，有如巴黎灰暗的冬季天空。第二幅画面中，你躺在一条大毛巾上，几本你喜爱的作者的书放在旁边，满脸堆笑的侍者送来一杯香蕉沙冰。你知道这两种状况无法并存，因为一次只能去一个地方，但你 100% 肯定其中之一一定会发生。依你的看法，它们的概率相同，各占 50%。

想到要去度假，你的心情跟着愉快起来，每天上下班也不会感到那么无聊。但是根据不确定状况下的理性思维，你所想象的那幅画面，应该是某个度假地点占 50%，另一个度假地点占 50%，这就是数学中的两种状况的线性组合（linear combination）。你的头脑可以处理这样的情形吗？脚泡在加勒比海的水里，头徜徉在巴黎的雨中，这有多美好？我们的脑子一次只能处理一种状况——除非你有严重的精神疾病。现在试着想象 85% 和 15% 的组合。能够想象吗？

假设你和同事赌 1 000 美元，而依你的看法，输赢的概率各半，明天晚上，你的口袋里不是一分钱都没有，就是放着 2 000 美元，概率各为 50%。纯就数学来说，赌博的公平价值是指各种状态的线性组合，我们在此称之为数学期望值（mathematical expectation），也就是拿每种回报的概率，乘以用金额表示的可能结果（50% 乘以 0 加上 50% 乘以 2 000 美元，等于 1 000 美元）。你能想象价值是 1 000 美元吗（所谓想象，是指在脑子里想出它的形象，而不是用数学公式去算）？在任何特定的时刻，我们只能想象一种状态，假使让我们凭想象去决定的话，我们可能会用不合理性的方式去赌，因为其中一种状态会盘踞整幅画面。

存活概率

现在该来谈谈塔利波的秘密了。这是个黑天鹅问题，那时候他

35 岁，当时纽约的战前建筑物虽然正立面做得很好看，背面却很简陋，丝毫不加装饰。医生的门诊室里有个窗户正对着上东区一条街上的后院，塔利波永远记得后院和正立面相比是多么乏善可陈，他永远记得那幅景象：透过灰暗窗框看到的肮脏后院，以及他在等候医生时读过十几遍的挂在墙上的医学证书。医生一直没出现，他怀疑事情有点不对劲，所以觉得像是已等候半生。最后医生终于进来宣布消息，声音凝重地说："我有一些……我拿到了病理报告……不……不像表面上听到的那么坏……是……是癌症。"他的身体如遭电击，"电流"从背脊贯穿到膝盖。塔利波想要大叫："什么？"但发不出声音。最令他害怕的不只是宣布的消息，主要还是医生的表情。他的身体比脑子先一步接收到信息。因为医生的眼神里充满太多恐惧，塔利波根据直觉，怀疑真相比他被告知的还糟（事实上也是）。

那天晚上，他在雨中走了几个小时，浑然不觉，全身湿淋淋地走进医学图书馆。有个馆员对着塔利波吼叫，但他无法集中精神听懂她在说什么，她无奈地耸耸肩走开了。他坐下来，位子下积起一摊水。稍后，他读到这样的句子："经统计，5 年的存活率为 72%。"这句话的意思是说，100 个人里面有 72 个人活了下来。一般来说，需要等上 3~5 年的时间，经临床诊断身体没有再次显现病症后，才能宣布患者已经治愈（以他的年龄来说，需要接近 3 年的时间）。这时他打从心里燃起希望，相信自己必能活下去。

读者可能要问，未来 5 年 28% 的概率死亡和 72% 的概率存活，两者在数学上有什么不同？显然没有不同，不过我们不谈数学。在塔利波心里，28% 的死亡概率是指他死掉的那一幕，包括葬礼上悲伤的细节。72% 的存活概率则令他雀跃，他心里计划着，痊愈后要到阿尔卑斯山滑雪。在这段治疗的煎熬期间，塔利波从未想到自己是 72% 活着、28% 已经死掉。

偏见影响我们的行为

由于我们刚刚谈到的理由，认知科学和行为科学的研究人员认为概率法则是与直觉相悖的。这些科学家说，我们是概率盲，本章将以很快的速度说明这种概率盲产生的一些现象，并且略微涉猎那个领域的若干研究。

概率盲的观念孕育出一个致力于研究这些偏见是如何影响我们行为的完整学科。图书馆的书架上有很多这样的书，无数的投资基金也应运而生，其依据的观念是人在市场中的行为并不是理性的。其中有些基金认为人们对新闻总会过度反应，其他一些基金则恰好相反，认为人们对新闻的反应不足（在我的职业生涯之初，别人对我说市场中的看法分歧越大越好）。这些信念导致两类操作策略持有者崛起，一类是反向操作者（contrarians），他们的思维逻辑是：嘿，人们通常会系统性地过度反应，我们来和他们对着干吧，我们要卖出赢家，买进输家。另一类则是动能型操作者（momentum players），他们的行为恰好相反，由于市场的调整速度不够快，所以他们倾向于买进赢家，卖出输家。由于随机性的作用，这两种人都能在某一期间有所斩获，但不能据此判定两种理论谁对谁错。

连精神病学家和临床心理学家都成了“专家”，加入这场混战——他们毕竟比不切实际且不科学的财务经济学家更懂人的心灵，而且人的行为最后是会影响市场的。医师和心理研究人员每年都在波士顿聚会，研讨市场操作策略。所有这些观念看起来可能相当简单，甚至有点单调乏味，直到我们见到专家也和一般人一样坠入其中的陷阱，才发现原来并没有那么简单。

相同的基因

我不打算深谈一些业余的进化论，好从中找出人类行为的缘由，此外，尽管我花了些时间在图书馆研究这个主题，但还是觉得自己在这个主题上属于门外汉。人类基因形成时的环境，和今天的环境显然不同。我并没有告诉太多同事，他们的决策带有从穴居人时代残留下来的习性，但在市场大起大落时，我也难免感到肾上腺素加速分泌，就像看到一头美洲豹潜进我的交易台。一些同事在发生亏损时会摔坏电话筒，他们的心理构造或许更接近人类的老祖先。

常看希腊和拉丁古典文学的人，也许觉得这些话了无新意，但在我们见到二十几世纪以前的人竟然拥有和我们类似的情绪反应时，仍不免大吃一惊。还记得童年时期参观博物馆时，最叫我惊讶的莫过于古希腊雕像所呈现的气质和我们没有两样（只是他们更为和谐与气派）。我真傻，竟然以为2 200年是很长的时间。普鲁斯特经常提到，人们看到荷马叙事诗中的英雄表现出和我们今天类似的情绪时，往往惊异不已。依人类的基因标准，《荷马史诗》中那些3 000年前的英雄的基因组成，很可能和你现在在停车场看到的将杂货搬上车的矮胖中年男子一模一样。事实上，我们的基因可能和8 000年前居住在叙利亚东南部到美索不达米亚西南一带开始“文明化”进程的人没什么两样。

我们的自然栖息地是指什么？所谓自然栖息地，我认为是指最适合人类繁衍后代的环境。人类学者一致的看法是，人类在约13万年前便已是独立的物种，当时大部分的时间他们都待在非洲的大草原。但阐述我们的论点并不需要回溯到那么久以前。我们不妨想象大约3 000年前，新月沃地的中城（Middle-Town）这个早期人口聚居地的生活情形；从基因的观点来看，这已是相当现代了。当时由于交通不便，信息的流通受到相当大的限制，人们没办法很快从一地前往另一地，信息也只能零零星星地从遥远的地方传来。旅行是很麻烦的事，且环绕着各式各样的危险。你的活动范围仅局限在出生地附近的一小块地方，除非当地发生饥荒或者遭野蛮部落入侵。终其一生，你认识的人相当少。如果有人犯罪，在少数几个犯罪嫌疑人中搜集和判断证据相当容易。要是被误认为罪犯，你可以用简单的证据加以反驳：“那时我不在那里，因为我在巴力庙（Baal）祈祷，黄昏的时候大祭司看到过我。”然后加上一句话，说沙哈之子欧贝德希梅斯比较有可能是罪犯，因为那个人之死对他最有利。总之，你的生活很单纯，所以概率空间相当狭窄。

正如我说过的，真正的问题在于这种自然栖息地没有包含很多的信息。直到最近，我们才需要用很有效率的方法去计算偶然性。这可以说明为什么直到讨论赌博的文献出现后，概率数学才开始发展。人们普遍认为，第一个和第二个千禧年的宗教信仰，阻碍了人们去寻找暗示决定论并不正确的工具，而且延迟了研究概率的时间。这种看法极不可信，我们没有去计算偶然性，只是因为我们不敢去算？原因当然是我们不需要去算。我们的许多问题出在我们脱离原始栖息地的速度，远快于基因进化的速度。甚至更糟的是，我们的基因根本没有改变。

犯罪的概率

辛普森案的审判是个好例子，可用来说明现代社会虽受概率主宰（因为信息爆炸），但人们在做重要决策的时候，却一点都不尊重概率的基本法则。我们有能力把宇宙飞船送到火星，却没办法根据基本的概率法则来审判罪犯。犯罪证据显然是一种概率概念。我记得曾在鲍德斯书店（Borders Books）买到一本谈概率的书，那个地方距举行“世纪大审判”的洛杉矶法院不远。我买的书谈的是这个领域里十分复杂的计量知识，距那家书店只有几英里远的律师和陪审员，怎么会错过这种知识上的“大跃进”？

根据概率定律推论，我们所能找到的最有可能犯罪的人（这项推论的信赖标准已超过法律上判人有罪所要求的“不容有一丝怀疑”)，却因我们误解概率的基本概念而无罪释放。你也可能因为人们误解概率而被控犯下不曾犯过的罪行——我们的法院还无法正确计算两个事件的联合概率（joint probability，指两个事件同时发生的概率）。那时候我在交易室里看着电视，有位律师辩称，洛杉矶至少有 4 个人拥有与辛普森相同的 DNA 特征，这种说法正是忽视了联合概率（下一段将说明原因）。我一听，厌恶异常，于是关上电视，却引来其他交易员的不满。

在那之前，我还以为由于古罗马共和时期制定的高标准，法律诉讼已不容许诡辩。更糟的是，有位毕业于哈佛大学的律师发表了似是而非的论证，说虐待妻子的男人中只有 10% 会杀害她们。这是不以谋杀为条件（前提）的概率。正确的方法应该是看遭丈夫谋杀的妻子中，以前也曾遭丈夫殴打的比率有多高（高达 50%）。因为我们这里讨论的是条件概率（conditional probabilities），也就是以辛普森的妻子被杀为前提，辛普森犯下谋杀罪行的概率，而不是讨论辛普森杀妻的无条件概率（unconditional probability）。连处理和教导概率性证据概念的哈佛大学教授都会做出这种错误的陈述，我们如何能够期待没受过训练的人了解随机性？

关于联合概率，陪审员、律师和我们都同样容易犯错，这一点尤其引人注意。他们不了解证据的相乘效果。我被诊断患有呼吸道癌，以及同一年遭一辆粉红色凯迪拉克轿车撞死的概率，假设各为 10 万分之一，那么两者同时发生的概率为 100 亿分之一，也就是把两个显然独立的事件的概率相乘。从血型的观点称辛普森有50万分之一的概率不是凶手（律师诡辩说，洛杉矶有4位这种血型的人），再加上他是被害者的丈夫，以及其他的证据，那么由于相乘效果，对他不利的概率会升高很多很多。

“思虑缜密”的人竟犯下最严重的错误。当我说联合事件的概率低于任一事件的概率时，不少人大吃一惊。行为经济学家发测验问卷给比较理性且受过高等教育的人（研究生），要他们计算念文科的年轻女性成为银行职员或具有女权意识的银行职员的概率时，平均来说，他们算出的成为具女权意识的银行职员的概率，要高于她成为银行职员的概率。我很高兴自己能当上利用别人的偏差获利的交易员，但生活在这样的社会中，我却感到害怕。

荒谬的世界

卡夫卡先知型的小说《审判》（*The Trial*）讲述约瑟夫·K因为莫名其妙而且从未被解释的原因被捕后的悲惨生活。这个故事写于我们所知的“科学化”极权制度建立之前。它描写令人毛骨悚然的未来世界，人类被荒谬且自我壮大的官僚机构包围，官僚机构的内部逻辑衍生出一些法规。一种荒谬的文学风格因此诞生，这样的世界可能太不适合我们居住。一些律师令我害怕至极，听到辛普森受审期间的辩论及其效应后，我非常害怕，我对于可能的结果感到恐惧。我可能因为概率上毫无意义的原因被捕，而且必须在不懂随机性的陪审员面前，和口若悬河的律师奋战。

有人说，在原始社会中，凭直觉做判断就够了。当可能的结果属于单维空间时，没有数学，或者计量方法，我们的社会也能运转正常。单维意指我们只看单一变量，而不看不同事件的集合。一种证券的价格是单维的，几种证券的价格合起来，则是多维的，需要使用数学模型来分析。我们没办法用肉眼观察到可能结果的组合，甚至没办法以图形来表示，因为我们在现实世界中最多只能画出三维空间的图形。后面我们会谈到为什么我们可能拥有坏模型（事实上的确有），或者犯下宽恕无知的错误，并在不懂数学的律师卡律布狄斯，以及缺乏判断力、因为没办法挑出正确模型而误用数学的数学家斯库拉之间摆荡。[①] 换句话说，我们将不得不在听信律师和听信经济学家两种错误之间摇摆不定。前者拒绝接受科学，胡言乱语，口若悬河；后者则应用有瑕疵的理论，而且把自己的科学太当回事。科学的美妙之处，在于它容许这两种错误。幸好有中庸之道可走，只是去走的人少之又少。

处理不确定性

从论著被引用率、支持人数，以及对所属专业的影响来说，谁是 20 世纪最具影响力的经济学家？不是凯恩斯，不是马歇尔，不

① 卡律布狄斯和斯库拉是希腊神话中两个长生不死、凶猛强悍的妖怪，在希腊英雄奥德修斯所经过的狭隘水域兴风作浪。——译者注

是萨缪尔森，当然也不是弗里德曼，而是心理学家卡尼曼和特韦尔斯基，他们的专长是发掘人类在哪些地方欠缺理性思考的能力。

关于我们如何感知和处理不确定性，这两人教了我们许多东西。他们在20世纪70年代初针对一群学生和教授进行了研究，结果显示我们并没有正确认识突发事件。此外，他们也指出，在我们了解概率的罕见情况下，似乎也没有把它纳入考虑范围。自卡尼曼和特韦尔斯基的研究结果发表以来，称作行为财务学的一个完整新学科已经开花结果。它与商学院教的所谓新古典经济学公开唱反调，新古典经济学底下的规范性名称有高效率市场、理性预期等。我们可以就此打住，来讨论规范科学（normative science）和实证科学（positive science）的不同。规范科学（显然是个自我矛盾的概念）提供处方性（prescriptive）的教诲，它研究的是事情应该是怎么样的。举例来说，有些经济学家，譬如奉高效率市场为信条者，相信人是理性的，而且会采取理性的行动，因为这么做对他们最好（数学上所谓的“最优化”）。实证科学与之相反，是以实际观察人的行为为基础的。

必要的偏见

心理学和经济学这些软科学以前偶尔会欺骗我们。怎么欺骗的？经济学创造了一些可笑的观念，一旦有人稍微改变一下假设，这些观念便会失效。经济学家彼此经常为了难以理解的论点（甚至连经济学家自己也看不懂）而争吵不休，我们似乎很难在他们之间选择立场。相反，生物学和医学在科学的确定性上位阶较高，它们和真正的科学一样，能够解释一些事情，同时也可加以否证。它们都是实证科学，提出的理论都是比较好的理论，也就是说，比较容易被验证。神经病学家正开始利用所谓的大脑环境映像（environment mapping）去证实这些结果，这是好消息。他们使用的方法，是找来脑部只有一处受损的病患（长肿瘤或者出现局部性伤害等），再利用排除法去掉不可能的答案，最后推导出这一部分的机能，如此可以把脑部各区域所拥有的机能逐一确定下来。卡尼曼和特韦尔斯基的研究发现了一块熟知区域（terra firma），而这使得我们通过行为遗传学和医学取得的知识往前跃进了一步。人类大脑的一些生理机能，引导我们用某种既定的方式去认知事物、做出某些行为。不管喜不喜欢，我们都是自身生物构造的俘虏。

进化心理学的研究人员对这些偏见提出了令人信服的解释：在人类的进化过程中，由于我们不必懂概率，所以也就没有足够的诱因促使我们发展出理解概率的能力。但是更深一层的原因是，人类不是被设计来理解事物的，我们只是被设计来求生和繁衍后代的，但为了求生存，我们必须夸大某些事情的概率，例如可能影响我们存活的事件发生的概率。举例来说，对生命危险特别敏感的人（也就是偏执狂）比较容易生存下来，因此他们的基因得以遗传下去。但是这种偏执也不能过头，否则就会造成灾难，成为缺点。某些偏见已经深深嵌进我们的大脑里，阻碍我们处理较复杂、可能需要更精确评估概率的问题。

这些带有偏见的说法后来在各学科中也都获得佐证。由于知觉上的扭曲，人没办法那么理性；我们所说的理性，是指信念协调一致，也就是没有逻辑上的矛盾，而且行为举止符合这些信念。

偏差的例子

我在行为研究的文献中至少找到了 40 个偏差十分严重的例子。以下是个很有名的测验，也是叫医学界尴尬不已的实例。接下来的问题是给医生做的，引用自本内特写得非常好的一本书《你赌对了吗？》(*Randomness*)。

> 检验某种疾病时有 5% 的概率产生误报。全部人口中罹患这种疾病的比例为 1‰。不管是否怀疑罹患这种疾病，随机检测一群人之后，发现有某人的检测结果呈现阳性，那么他染上这种疾病的概率有多少？

大部分医生只考虑检测的准确率为 95%，而回答 95%。正确的答案是他生病且检测发现有病的条件概率，其结果接近 2%。结果只有不到 1/5 的专业人士答对。

我来简化这个答案。假设没有漏报存在。1 000 个受检的人中，预料将有一位罹患这种疾病。999 位健康的人中，检测的结果是有约 50 位染病，因为准确率是 95%。正确的答案应该是，随机选取的某人，检测结果呈阳性且确实染病的概率为 1/51。

不妨想想，这一辈子你曾有多少次被告知染上某种疾病，需要接受某种药物治疗且要忍受可怕的副作用，而实际上你真的罹患那种疾病的概率只有 2%！

我们是期权文盲

身为期权交易员，我注意到人们往往低估期权的价值，因为他们经常无法以正确的心态去评估提供不确定性回报的工具，即使他们很懂数学也一样。连主管机关也向人们表示，期权是一种衰竭性或损耗性资产，这种无知因而更加深重。价外期权被视为衰竭性资产，因为其会在两个日期之间损失溢价。

接下来用一个简单的方式解释期权到底是什么。虽然简单，但足以消除人们对期权的误解。假设某只股票今天的交易价格是 100 美元，某人给我权利（但非义务）于一个月后以 110 美元买进。这称作买入期权（call option）。一个月后，股价涨到 110 美元以上，我要求期权卖方以 110 美元的价格把股票卖给我，这称作履约（exercise）。这时履约才有意义。要是履约时的股价为 120 美元，那么我的选择权便有 10 美元的价值，因为我可以按 110 美元的价格向期权卖方买进股票，然后按 120 美元的价格在市场上卖出，将一进一出的差价 10 美元装入口袋。不过这样的概率不是很高。购买买入期权时，如果股票的市价低于履约价格，立即履约则没有好处，我们把这种期权称为价外期权。

假设我用 1 美元的价格买进这个买入期权。那么距今一个月后这个期权的价值预期有多少？大部分人认为是零。这个答案不对。这个期权的价值到期时有很高的概率（比方说 90%）变成零，但可能有 10% 的概率变为 10 美元。因此卖方卖我期权时向我收取的 1 美元可不是免费奉送给他的。要是卖方不卖我期权，而是自己以 100 美元的价格买进股票，等上一个月，便可以用 120 美元的价格卖出，获得 20 美元的利润。因此现在赚 1 美元实在不能算什么。同样，我买下的期权也不是损耗性资产，可是连专业人士都可能被愚弄。为什么？因为他们把期望值和最可能出现的情境混为一谈，在本例中，这个期权的期望值为 1 美元，而最可能的情境是价值为零。他们在心理上高估了最可能的情境的重要性，亦即认为市场将一动不动。这个期权的价值其实是各种可能状况的加权平均。

期权卖方还提供了另一种满足感，也就是稳定的报酬和获得奖赏的安稳感觉。这正是心理学家所说的畅流（flow）。早上去上班的时候，抱着获得一点小钱的期待心理会使你心情愉快。但是反过来说，即使某种操作策略长期而言可望获利，但必须经常赔点小钱，这种事只有坚强的人才能忍受。我发现很少有期权交易员能够抱牢我所说的“长期波动性”头寸，这种头寸很有可能在到期时损失一点小钱，但由于偶尔出现的强劲上冲力道，长期可望获利。很少有人愿意在大部分期权到期时赔 1 美元，但每过一段时间就赚个 10

美元，即使这种游戏很公平，赚 10 美元的概率可能高于 10%，他们也不肯玩。

我把期权交易员分为两类：溢价卖方和溢价买方。溢价卖方（也称作期权卖方）卖出期权，他们通常可以安安稳稳地赚钱，如第一章和第五章所说的约翰。溢价买方的行动则恰好相反。这一行的人常说，溢价卖方吃时像小鸡，拉时像大象。唉，我在职业生涯中碰到的大部分期权交易员都是溢价卖方，而他们“炸毁”时，赔掉的通常是别人的钱。

看起来懂得这些简单数学的专业人士，怎么会落得这种下场？我们对数学的了解可能还停留在相当肤浅的层次。医学界已经开始相信我们的行为，并非都由大脑中管理理性的那一部分引导。我们在思考时难免情绪化，这无法避免。其他方面很理性的人，却会抽烟或者跟别人打架，而这些行为对他们并没有什么好处。同理，人们明知道卖期权不好，却还是要卖。但还有更糟的，有一种人，通常是学者，他们不要求行为配合大脑，却支使大脑去配合行为。这些人回过头去拿统计数字为自己的行为找合理化的借口。在我这一行，他们以统计上的论调证明卖期权之举正确无误，但这不过是自欺欺人罢了。

概率与新闻媒体

新闻记者受到的训练是表达自己的看法，而不是深入探讨事件。在记者的进化过程中留下的是善于沟通的人，而不是见识卓越的人。我的医生朋友表示，跑医药新闻的许多记者并不懂医学和生物学，连最基本的东西也常弄错。我没办法证实他们的说法是否正确，因为我自己只是个业余的医学研究报告阅读者，但我却注意到他们经常误解医学研究报告中提及的概率。

最常见的一种误解是证据的解读。他们常把缺乏证据（absence of evidence）与证明没有这回事（evidence of absence）混为一谈。怎么说？假使我测试某种化学疗法，比方说拿氟尿嘧啶治疗上呼吸道癌，结果发现它的效果比安慰剂好，但两者差别不太大；配合其他的物理疗法，它能把存活率从21%提高到24%。由于我的样本不大，因此结论是存活率升高了3%，我不确定这是否可以归功于药物，因为这有可能只是随机现象而已。于是我写了一篇文章公布我的研究结果，并表示没有证据显示这种药物能够提高存活率，因此有待进一步研究。有位医药记者拿到这篇文章，写了一则新闻，说塔勒布教授发现有证据显示氟尿嘧啶对提高存活率没有帮助。这与我的原意完全相反。有些乡下医生比大部分没有受过训练的新闻记者更不懂概率，看到这则新闻报道后，他们在心理上就排斥那种药物治疗方法，即使日后有研究人员终于发现新的证据显示那种药物确实能够明显提高存活率，他仍会在选择时感到犹豫。

CNBC的荒唐言论

CNBC（美国消费者新闻与商业频道）的推出，对金融圈帮助很大，但是其中也包括一大堆好发议论之士，他们把长篇大论的理论浓缩在几分钟内。我们常看到名人针对股票市场，讲出一些荒唐可笑但听起来很精明的话。他们的话有些明显违背概率法则。某年夏天，我常跑健身房，不时听到这类说法：“大盘只从高点下滑10%，但个股从高点下滑的平均跌幅却接近 40%。”讲这句话的目的是表示问题很严重或者出现了异常现象，而这正是空头市场的征兆。

个股从高点下滑的平均跌幅达 40%，和所有股票（也就是大盘）从高点下跌的平均跌幅为 10%，两者并不矛盾。我们应该知道，个股不见得同时升至最高点。由于个股的价格并非 100% 相关，因此 A 股可能在 1 月间升至最高点，B 股可能在 4 月间升至最高点，但是 A 股和 B 股两只股票的平均价格可能于 2 月间升至最高点。此外，个股价格如属负相关，也就是 A 股处于最高点时，B 股恰好跌到最低点，那么在股市创新高时，两只股票有可能都相较于最高点下跌了 40%！根据随机变量极大值分布的概率法则，平均值极大值的波动幅度一定低于极大值的平均值。上述现象并不必然意味着空头市场即将来临。

对寿命的错误预测

我接着想到电视黄金时段中，金融专家违背概率法则的另一个常见错误。这些专家能够上台亮相，可能是因为他们的长相、领袖气质和沟通技巧，但绝不是因为他们见解不俗。比方说，我看到一位著名的电视金融大师常发表这样的谬论："美国人平均可望活到73岁。因此如果你今年68岁，那么你可能还可以活5年，你应该好好规划未来5年的投资。"她接着开出明确的清单，说这些人应该如何为未来5年做投资。但如果你是80岁呢？你的预期寿命是–7岁吗？新闻记者把无条件预期寿命和条件预期寿命混为一谈了。刚出生时，你的无条件预期寿命可能是73岁。但是随着年龄日增且没有死亡，你的预期寿命会随着你的年龄而提高。为什么？因为其他先死的人，已经占去你在统计数字上的位置；所谓期望值，就是指平均值。因此如果你现在73岁，而且健康状况良好，你可能仍然有9年的寿命期望值。但是期望值会改变，到了82岁，如果你还活着，你的寿命期望值可能是5年。即使100岁的人，也仍有为正值的条件预期寿命。那些专家的说法，和以下的说法几乎没有两样：我们的手术死亡率是1%，到目前为止，我们为99位病人动过手术，都很成功；你是第100位，所以你死在手术台上的概率是100%。

电视上的理财规划专家可能会让一些人受骗上当，但这没有什么大害。更叫人担忧的是，非专业人士竟敢向专业人士提供信息。接下来我们又要谈到新闻记者。

非线性的概率

我桌上摆着一台机器，叫作布隆博格（Bloomberg），公司创办人为现任纽约市长布隆博格。它可以作为安全的电子邮件服务、新闻服务、历史资料检索工具、图表绘制系统十分宝贵的分析辅助工具，它最大的这点是屏幕上会显示各种证券和货币的价格。我已经用它用得上了瘾，没有它就没办法操作，因为总觉得没了它就和这个世界失去了联系。我用它和朋友联络，确认约会，解决一些争议。没有布隆博格地址的交易员，对我们来说是不存在的一群人（他们只好使用比较平凡的互联网）。但是布隆博格有个东西，我认为可以割舍，就是新闻记者的评论。为什么？因为这些人严重混淆了“混为一谈表”右栏和左栏中的内容。但是干这种事情的，不光布隆博格一家。只因为我 10 年来从不碰报纸的商业版，而宁可去读真正的好文章，才会对现状有所不知。

正当此时，我在布隆博格机器上看到了这样的新闻标题：

道琼斯指数因为利率下跌而上扬 1.03 点

美元兑日元汇率由于日本贸易顺差扩大而下挫 12%

诸如此类的标题占满了一整页。接着新闻记者会就这些纯噪声提出解释。道琼斯工业平均指数在 11 000 点时涨跌 1.03 点，幅度根本不到 0.01%。这样的波动不值得提出解释。诚实的人看不到需要解释的东西，他们找不到可以列举的理由。但是新闻记者拿薪水就得解释事情，所以他们乐于立即提出种种解释。唯一的解决方法是请布隆博格停止付薪水给记者写评论。

显著性：我怎么确定那是纯噪声？打个简单的比方。如果你和朋友进行了一场横跨西伯利亚的越野车比赛，你以一秒之差击败了他，显然你不能就此吹嘘自己比他快。你可能受助于某些东西，或者，只是随机因素使然，别无其他。那一秒钟的时间不够显著，我们没办法据此得出什么结论。我不会在睡前的日记上写道："自行车骑士 A 比自行车骑士 B 优秀，因为他平常吃菠菜，而自行车骑士 B 吃的大多是豆腐类的食物。我做这个推论的理由，是 A 在 3 000 英里的比赛中比 B 快 1.3 秒。"要是两者的差距是一个星期，我可能会开始去分析原因是不是出在豆腐上面，或者是不是还有其他的因素。

因果关系：还有另一个问题存在，人们以为具有统计显著性之后，一定有因果关系存在，也就是说，市场中发生的事件，可以和某些原因扯上关系。有句话说："若后者发生，必然是前者的结果。"假设医院 A 接生的婴儿有 52% 是男孩，而医院 B 同一年只接生了 48% 的男婴，难道你会说，你之所以生下男孩，是因为在医院 A 生产的？

因果关系可能非常复杂。如果存在许多可能的原因，那么就很难单独挑出一个作为原因。这称作多变量分析（multivariate analysis）。比方说，如果股票市场可能受美国国内利率、美元兑日元汇率、美元兑欧元汇率、欧洲股票市场、美国的国际收支差额、美国的通货膨胀率，以及其他十来种主要因素影响，那么新闻记者就必须去观察所有这些因素，观察它们以前的单独影响和共同影响，观察这些影响的稳定性，并且进行统计检验，只有这样才能判断股市的涨跌是不是由某项因素引起的。最后，必须给各项因素一个信赖水平（confidence level）；如果信赖水平不到90%，那就没有什么好说的。我可以理解为什么休谟十分沉迷于因果关系，却不能欣然接受这种推论。

我有个可以弄清世界上是不是发生了大事的窍门。我自行设定了布隆博格机器的屏幕版面，我把货币、股票、利率、商品等的价格和涨跌幅度放在一起。货币的信息放在左上角，各个股票市场的变动放在右边，长年观察这个版面配置使我能够凭借直觉弄清是不是有重要的事情发生了。个中诀窍是只看变动百分率大的部分。除非涨跌幅度大于平常每天的涨跌幅度，否则将数字的跳动视为噪声。此外，在解读时，也不是用线性的方式。涨跌2%的显著性不是涨跌1%的2倍，而应该是4倍。今天我的屏幕上道琼斯指数上涨1.03点，显著性不到1997年10月股市重挫7%的1/109。有人可能会问我，为什么我希望每个人都学点儿统计学？我的答复是，因为太多人只看解释。我们没办法光凭直觉，就能理解概率的非线性倾向。

过滤方法

工程师使用各种方法，把噪声从资料的信号中滤除。和住在澳大利亚或南极的表哥通电话时，你想过如何分清电话线的静电噪声和对方的声音吗？振幅的变动不大时，比较有可能是噪声造成的，但当它的幅度增大，信号造成的可能性则急剧升高。这种方法称作核平滑（smoothing kernel），应用的结果可见图 11–1 和图 11–2。

但是我们的听觉没有能力独自执行这种机能。同样，我们的大脑没办法看出显著的价格变动和纯噪声两者的区别，尤其是被新闻记者未经平滑处理的噪声狂轰滥炸时。

我们不了解信赖水平

专业人士忘了以下的事实：一个人发表的意见中，估计值或预测值的重要性不如信赖水平。假设某个秋季早晨，你要出门旅行，打包行李之前必须先知道那里的天气状况。如果你预期温度是 18 摄氏度，温差为 5 摄氏度（例如在亚利桑那州），那么你不会带上厚重的棉衣和随身便携式电扇。如果你要到芝加哥去，别人告诉你，那里的温度虽然是 18 摄氏度，但温差有 20 摄氏度，那么你怎么办？你必须把冬天和夏天的衣服都带上。准备衣服时，温度期望值是多少无关紧要，重要的是高低温差。当你知道高低温相差 40 摄氏度时，准备的衣物就会大不相同。进一步引申，如果你要前往的星球的预期温度也是 18 摄氏度左右，但温差足有 200 摄氏度，这时你要怎么准备衣物？

读者应该看得出来，在市场中操作时，我认为市场会往哪里走的重要性，远不如我在某种信赖水平下允许的误差率。

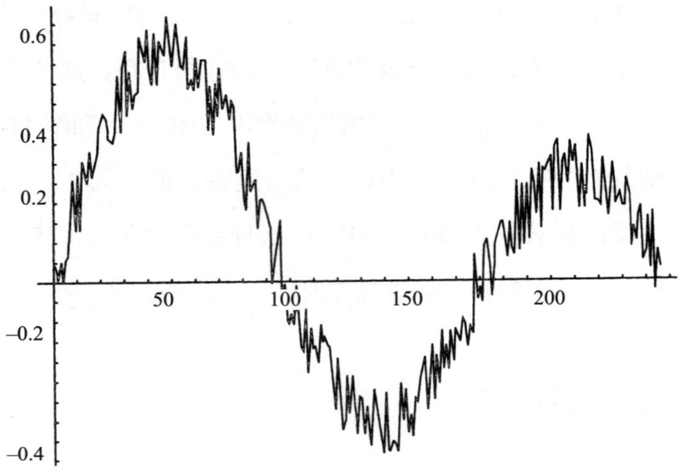

图 11–1　含有信号和噪声的未过滤数据

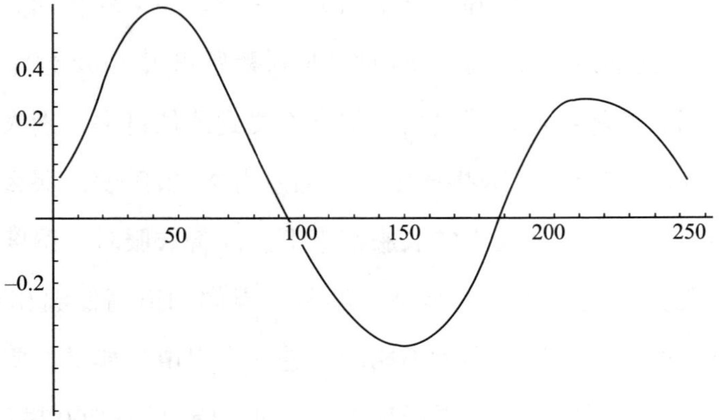

图 11–2　将噪声过滤后的数据

自白

结束本章之际，我要坦承，即使我从事的是这一行，且花了不少时间培养相关的能力，但和我认识的任何人一样，我也容易受骗上当。不过我和别人不一样的是，我知道自己这方面的能力很弱。我的本性一直试图害我自取其败，所以我必须时时提高警觉才行。我天生容易被随机性愚弄，第三篇将探讨这一方面的问题。

第三篇　活在随机世界中

人们过去做出的选择决定了他们现在及未来可能的选择。索罗斯这类股市大鳄完全不受过去的行为束缚，他摆脱了路径依赖，每一天对他来说都是一张白纸。

荷马叙事诗中的英雄奥德修斯善于运用一些技巧力克强敌，但我发现他运用技巧最引人注目的地方，是用来对抗自己。

《奥德赛》第十二卷中，这位英雄遭遇女妖。女妖们住在岛上，她们的歌声十分迷人，水手听了如痴如狂，之后便会不由自主地投入海中而亡，歌声之优美和遍海腐尸形成鲜明的对比。奥德修斯事先得到女神瑟茜的警告，他想出了一个办法：用蜡封住所有水手的耳朵，让他们完全听不到外面的声音。他把自己绑在桅杆上，并严令水手绝对不可以放开他。当船驶近女妖的岛屿时，海面十分平静，远远传来令人心醉神怡的乐音，奥德修斯挣扎着想脱身，他使尽全力想摆脱束缚，而水手则将他绑得更紧了，直到那会置人于死地的声音消散不见。

我从这个故事得到的第一个教训，是不想当奥德修斯。他是神话人物，而我不是；他可以绑在桅杆上，而我只能像那些水手一样，在耳朵里塞蜡。

我没那么聪明

在面对随机性的职业生涯中，我顿悟的一件事是：自己不够聪明、不够坚强，因此无法对抗自己的情绪。此外，我也相信自己需要利用情感来创造一些观念，并将它们实践。

我只聪明到了解自己容易被随机性愚弄，并且接受自己相当情绪化的事实。我被自己的情感所主宰，但是身为唯美主义者，我也乐于接受这个事实。我和本书取笑的每一个人根本没有两样，甚至可能比他们还糟，因为信念和行为之间可能正好呈负相关。我和那些人的不同之处在于我试着去察觉这个问题。不管我看多少书、如何努力去了解概率，在需要处理各种不同的状况时，拥有不聪明基因的我，总会被情绪控制。就算大脑能够区别噪声和信号的不同，我的心却做不到。

这种不明智的行为不只出现在面对概率和随机性时。如果交通信号灯刚转成绿灯，我不过迟了一纳秒（十亿分之一秒）起步，后头无礼的司机便大按喇叭的话，我也没办法理性到不动气。我十分清楚生气只有害处，一点好处也没有，而如果我老是对身边的这类白痴发火，可能早就没命了。日常生活上这些小情绪是不合理性的，但我们需要它们才能正常生活。人天生的本能是以牙还牙。我已有足够多的敌人，他们增加了我生活中的情趣，但有时我还希望能有更多敌人。如果我们没有敌人作为对抗和发泄精力的对象，生命将枯燥乏味得令人难以忍受。

幸好有一些窍门可以应付这些事情。其中之一是避免和别人的眼睛接触，在上述开车的例子中，你可以不看后视镜。我试着把对方想成火星人，有时这个办法还挺管用的，但如果对方看起来像不同的物种效果会更好。怎么做？我很喜欢在马路上骑自行车。最近和一群自行车骑士在乡下地区骑车时挡住了后面的车子，一位开着 SUV 车的小妇人摇下车窗骂我们。我没有生气，甚至没有打断自己的思绪去注意她。骑上自行车后，开着大货车的人会变成一种危险动物，他们能够危害我的安全，却不能引我动怒。

和爱憎分明且好发高论的人一样，财务学界和经济学家不断批评我，他们气恼我抨击他们误用概率，也对我称他们为伪科学家十分不悦。阅读他们的评论时，我没办法克制自己的情绪，我能做的事是不去读他们写的东西。对新闻记者也比照办理，不去看他们写市场发生了什么事，可以免去很多情绪化的反应。评论家对本书所写的书评，我也会如法炮制，把蜡塞到耳朵里。

戒掉媒体

我最引以为豪的成就，是戒掉了接触电视和新闻媒体的习惯。戒掉之后，我发现看电视比做其他事，譬如写这本书，还要耗费精力。但我还是耍了一些花招，如果不耍些花招，我就没办法逃避这个信息时代的毒害。公司的交易室里有台电视机整天开着，财经新闻频道 CNBC 的节目中，评论家一位接着一位上场，企业的首席执行官一个接着一个地高谈阔论。我的花招是把电视调成静音。为什么？因为在没有声音的电视里，那些喋喋不休的人看起来十分可笑，和声音打开时的效果完全相反。看到一个人一本正经地坐在那边，嘴巴动个不停，面部肌肉扭曲颤动，就是没有声音。我们在视觉上受到威吓，听觉上却一点事也没有，因此产生失调。电视上讲话的人脸部表现出某种激情，但因为没有声音发出，他们所传达的信息恰好相反。这就像哲学家柏格森的著作《论笑》（*Treatise on Laughter*）中所描述的一位绅士即将踩到香蕉皮这件事的严肃性，和其结果的滑稽性两者之间的鲜明对比。电视上的博学权威霎时失去了威吓的效果，甚至好像对一件极不重要的小事兴奋莫名，看起来荒唐可笑。饱学权威之士突然间成了小丑，怪不得作家格林拒绝上电视。

本篇是本书的结论部分，将说明在面对不确定性时，人的本性为何。我无法置身于随机性之外，但有一些应对的法子。

第十二章

赌徒的迷信和笼中的鸽子

斯金纳的实验告诉我们其实在为事物建立因果关系方面，我们并不比鸽子更高明。

赌徒的迷信

首先，回顾我早年在纽约当交易员的日子。刚踏进这一行时，我任职于瑞士第一波士顿投资公司（Credit Suisse First Boston），那时公司位于52街和53街、麦迪逊大道和公园大道的街区中间。虽然位于中城，它还是被称作华尔街公司，我则向人表示，我在“华尔街”工作。幸好一天只需要到真正的华尔街两次，那是新泽西州纽华克以东，我看过最令人厌恶的地方之一。

那时我二十来岁，住在曼哈顿上东区一栋书满为患，除此别无他物的公寓里，我每天早上搭黄色出租车上班，在公园大道和53

街的路口下车。有一天，我不幸（或许应该说是很幸运）搭上一辆出租车，不管我用什么语言，连出租车英语都用上了，司机还是听不懂。我试着要他在74街和53街之间往南走，但他顽固地再往南多走了一个街区，逼得我只好利用52街的入口进公司。那一天，由于汇率激烈波动，我操作的投资组合赚了很多钱。那是我年轻时最美好的一天。

隔天，一如往常，我在74街和第三大道的街角挥手招出租车。前一天的那个司机不见踪影，或许已被驱逐回老家去了。真是不巧，因为我有个无法解释的念头，我想要谢谢他对我做的那件好事，还想塞给他一大笔小费。上车后我告诉那位新司机，载我到52街和公园大道的东北角，也就是前一天我下车的那个地点。我对自己说出那样的话惊讶不已……但已经太迟了。

看着电梯镜子中的自己，我赫然发现自己还打着前一天那条上面沾了咖啡污渍的领带。我体内的另一个我显然相信从这个入口上楼、打这条领带与前一天的市场走势之间存在强烈的因果关系。我为自己的行为举止像个骗子、扮演别人角色的演员而忐忑不安。我觉得自己是个假道学。一方面，我的谈吐像是具有明确科学标准、一心一意专注于本行的概率论者；另一方面，我和那些蓝领的场内交易员没什么两样：依然抱持盲目的迷信。接下来我是不是该去买张占星天宫图？

细思之下，在那之前，我这个期权方面的专家、冷静的概率计算者、理性的交易员，仍被轻微的迷信支配着！这并不是我第一次在没有大害、温和的迷信指引下行动。我相信，这种迷信是我的东地中海血统赐给我的，例如：没有接好别人递过来的盐瓶可能会引起口舌之灾；听到别人恭维时要摸一下木头；还有其他许多流传了数千年的黎凡特[①]信条。但是和这个古老海洋所孕育传播的许多事情一样，这些信条对我来说既肃穆又不令人信服。我们认为它们更像一种礼仪，而不是真的为了防止幸运之神转向的重要行动。迷信能给日常生活注入一些诗意。

叫人忧虑的是，这是我首次注意到迷信已不知不觉潜进我的专业生活。我这一行就像保险行业：根据定义清楚的方法严谨地计算赔率，收入来源是那些不够严谨、被某些“分析”蒙蔽，或者相信命运之神特别眷顾自己而轻率行动的人。但是我这一行充斥着太多的随机现象。

我察觉到自己的行为受所谓的“赌徒的迷信”支配，虽然不甚严重，却正在迅速地发展。在那之前，这些小小的迷信都逃过了我的法眼。我的心似乎一直想从面部表情和事件的结果间找出某种统计上的关联。比方说，在我发现自己有轻微近视并且戴起眼镜之后，收入也同时开始增加。虽然除了晚上开车之外，我不是很需要戴眼镜，它甚至没有什么用处，但我还是一直戴着。这种无意识的行为，反映了我内心深处相信绩效和眼镜之间有某种关联。在理性上，这种统计关联性是骗人的，因为样本很小。但是这种天生的统

① 黎凡特指的是中东托罗斯山脉以南、地中海东岸、阿拉伯沙漠以北和上美索不达米亚以西的一大片地区。——编者注

计本能，并没有因为我在假说检验上的专长而有所抑制。

有些赌徒相信赌博的结果和某些身体动作之间有一些不自然的关联，据而发展出一些扭曲的行为。在操作衍生性金融商品这一行，“赌徒”一词是很损人的用语。此外，我觉得赌博的最好定义是，不管赔率对他有利还是不利，行为者面对随机结果都能获得刺激的一种活动。即使赔率对赌徒明显不利，他有时还是相信命运之神会特别眷顾自己而义无反顾地入局。一些思虑非常缜密的人意外地在赌场被人撞见，就是这个道理。甚至一些我认识的世界级的概率专家也养成了赌博的习惯，他们把自己所有的知识都抛诸脑后。比方说，以前一位同行是我认识的最聪明的人之一，他却经常前往拉斯韦加斯，在赌场眼里他显然是只大肥羊，所以赌场才会毫不吝惜地提供豪华套房和交通工具给他使用。在建立很大的操作头寸之前，他甚至会请算命师预卜吉凶，而且还想要我们老板出这笔钱。

对因果关系的误解

25 岁时，我完全不懂行为科学。我所接受的教育和文化，使我相信我的迷信是一种文化，而且可以通过所谓的理智运用消除它们。当科学和逻辑进入现代生活时，迷信自然会被清除。但就我的情形来说，我的智力与日俱增，而随机现象仍源源不绝，我则变得越来越迷信。这些迷信一定和生物本身的构造有关，然而在我成长的年代，我却被教导那是后天养成的，很少是天生的。这才是罪魁祸首。我将戴眼镜和市场的随机结果扯上关系，显然无关文化；我把从哪一个入口进公司和操作绩效扯上关系，显然也与文化无关；我戴的领带和前一天相同，也无关文化。过去数千年来，我们体内的某一部分并没有进化，我还在运用我们旧头脑的残存部分处理事情。

我们来看看低等形式的生命如何形成因果关联。著名的哈佛大学心理学家斯金纳做了一个关老鼠和鸽子的笼子，笼中有个开关，鸽子可以用喙去操作。此外，有个电动装置会把食物送进笼子里。斯金纳设计这个笼子原是为了研究非人类生物的一般行为，但是到了 1948 年，他想到了一个很好的点子：不去理会控制杆，而把全部注意力放在食物的供应上。他以随机的方式送食物给非常饥饿的鸽子。

随后他观察到鸽子做出了相当惊人的行为。它们根据内在根深蒂固的统计机制，发展出极其复杂、有如祈雨舞般的行为。有只鸽子会对着笼子中特定的一角有规律地摇头，另一只鸽子会以逆时钟方向转头。几乎每一只鸽子都发展出一种与喂食相关联的特别仪式，并将其慢慢固定到心里。

深入探讨这个问题着实令人忧虑。我们生来不会把不同的事情独立开来看待。观察 A 和 B 两件事时，我们很难不假设是 A 造成 B、B 造成 A，或者两者彼此影响，我们的偏差会立即在其间建立因果关系。对于像我这样一个新进的交易员来说，误认为两件事之间有因果关系，最多只是浪费几分钱的出租车费，但科学家却可能因此做出自欺欺人的推论。无知的人和聪明人比起来，只是比较不懂得怎么采取行动。同样，科学家知道，在感情上拒绝一项假说比接受它更难（所谓的第一类错误和第二类错误）。法语有句格言说，懂得事情真相的人才快乐（felix qui potuit cognoscere causas），这是很难做到的事。我们很难三缄其口，因为我们天生就不是这样的。不管我们是不是波普尔，总之，我们都把周围的事物太当回事了。

难以抛弃本性的人

我并没有可以解决统计推论问题的便捷方法。第三章谈过噪声和意义的技术性差异，现在该来讨论如何执行的问题了。希腊哲学家皮浪主张过平静、与世无争的生活，却被人批评在被牛追的危急关头，失去冷静沉着的态度。他回答说，人有时很难完全抛弃本性。如果皮浪没办法不当个凡人，我们又怎能像经济理论所说的那样，在不确定的状况下做出完美的理性行为？我发现，以理性的态度计算各种概率之后得到的结果，并没有在我的行为中得现体现。换句话说，我就像第十一章提到的医生一样，明知道确实患病的概率只有 2%，却在不知不觉中以 95% 患病的心态来对待病患。我的大脑和我的本能并没有很好地协作。

身为理性的交易员，我相信如同前面所说的，噪声和信号不同，而且我们应该忽视噪声、正视信号。我利用最基本，但很好用的方法，去计算操作绩效波动时的预期噪声和信号成分。比方说，提出目标为获利 10 万美元的策略后，我可能会表示此策略确实能获利的概率为 2%，其余 98% 的概率下则全无成效，纯属噪声。即使是噪声产生的结果，也会令我雀跃不已，但如果结果不具任何统计显著性，则会令我沮丧万分。我就是忍不住会有那样的反应，不过，我知道自己的确受制于情绪，大多数的精力和能量也源于情绪，因此解决方法不是驾驭我们的心。

由于我感性的一面似乎不能认同理性，所以我必须小心谨慎，避免做出不合理性的操作决策。也就是说，不让自己去接触绩效报告，除非绩效到达预定的门槛。这就像想吃巧克力时，把脑子和口腹之欲分离开来。我的做法是绝不在交易台底下摆巧克力。

和别人谈话时，最叫我讨厌的是对方告诉我言谈举止应该如何才对。大部分人都知道言谈举止应该如何才对，问题出在我们没有起而行，而非我们不懂。我讨厌听好说教的人搬出一堆老掉牙的大道理，例如我应该每天用牙线洁牙、常吃苹果、把上健身房列为新年愿望等，关于金融市场的则是建议忽视绩效中的噪声成分。我们需要一些窍门才办得到，但在这之前，我们必须先接受自己只是动物的事实，我们需要靠一些低等形式的窍门帮助自己，而不是讲大道理。

最后，我认为自己很幸运地没有染上抽烟的恶习。我们对于风险和概率的认知可能合乎理性，实际行动时却完全不是那么一回事，我们可能会做出愚蠢的行为。要了解为什么会这样，最好的方法是找瘾君子谈一谈。大多数抽烟者都知道他们之中每三个人就有一个会罹患肺癌。如果你还不相信，不妨到纽约上东区斯隆－凯特林防癌纪念中心（Memorial Sloan-Kettering Cancer Center）的服务处入口，看看外头聚在一起吸烟的一堆人。你会看到数十位协助处理癌症病患的护士（可能也有医生）站在入口外，手里拿着一根烟，而神情绝望的病患坐在轮椅上，正被人推进去接受治疗。

第十三章

概率与怀疑论

> 卡涅阿德斯是一位巧舌如簧的怀疑论者。科学家也比科学危险，因为他们是凡人，也会被凡人的偏见污染。

请你身边的数学家为概率下个定义，他很可能告诉你怎么去计算它。第三章讨论过概率不是谈运气的问题，而是指我们相信有另类的结果、原因或动机存在。我们也说过，数学是用以思考而不是计算的工具。此处我们要再次向古人请求更多指引，因为概率对他们而言不过是一种主观且变动不居的信念的测度。

概率的思想

大约在公元前 155 年，希腊后古典哲学家、昔兰尼的卡涅阿德斯抵达罗马。他是雅典派出的三位使者之一，肩负到罗马参议院进行政治游说的任务。雅典公民被课征一项罚金，使团希望说服罗马认同这么做并不公平。卡涅阿德斯是希腊学园（the Academy）这个开放论辩的机构的代表，也是300年前苏格拉底以对话体揭示许多伟大概念，最终却被判饮鸩自尽之处。此时学园已改称“新学园”（New Academy），不再兴论辩之风，且已成为怀疑论者的大本营。

卡涅阿德斯前往参议院演说那天，他站立着，鼓起如簧之舌大谈公理正义的重要性，以及追求正义乃是人们最崇高的使命。罗马听众大为动容。他不只散发出难以抗拒的魅力，论点也铿锵有力，他口齿流利且具说服力、谈吐不凡、精力无穷。但这却不是他要传达的重点。

隔天，卡涅阿德斯重回现场，仍旧站立着，以最具说服力的方式，鼓吹起知识不确定性的信条。他是怎么做的？他以同样撼动人心的论点，驳倒了前一天已令听众信服的论点。他在同一个地方，说服同一批听众，相信公理正义对于人们无足轻重。

坏事来了。元老卡多听了卡涅阿德斯的话后大怒，说服参议院撵走了三位使者，以免他们的如簧巧舌污染共和国青年的心灵，并且有损军人品德。卡多担任监察官的时候，也曾禁止所有的希腊雄辩家落居罗马，这时他已相当老迈，并没有比先前更宽容。他太过道学，没办法接受他们的省思方式。

卡涅阿德斯不是古典时期的第一位怀疑论者，也不是第一个教导我们真正的概率概念的人。但这个事件对好几代雄辩者和思想家产生了很大的影响。卡涅阿德斯不只是怀疑论者，也是辩证学家，绝不坚持他说理时所根据的各项前提，也不坚守他通过这些前提推衍得出的任何结论。他终生反对只有唯一真理的独断教条，极少有持怀疑论的思想家能与之媲美。怀疑论的主要论点是，没有任何事情是肯定的，我们可以得到各种概率程度不等的结论，并且以之为行动时的指引。

继续回溯历史，可以发现已知最早的概率思想出现在公元前6世纪的西西里岛。这里曾有一群将概率的概念用在法律上的雄辩者。他们在辩论一宗案件时，为了确认指控的罪名，必须提出其中的可疑之处。第一位知名的修辞学家是西拉鸠斯人科拉克斯，他教人如何依据概率进行辩论。他所采用方法的核心是最大可能（most probable）的概念。比方说，一块土地的所有权，如果缺乏进一步的信息和实体的证据，那么最多人知道那块土地属于谁，那块土地就是谁的。受他影响颇大的高尔吉亚，将这种辩论方法引进雅典，使之广为传播。这个最大可能的概念，教导我们将各种可能的偶发事件视为截然不同且可分离的独立事件。

怀疑论之子

在地中海沿岸被一神论主宰，因而信奉某种形式的唯一真理之前，许多重要的思想家都持怀疑论，此学派也随之传播到世界各地。罗马人并没有自己的宗教，他们的态度比较宽容，不会只接纳特定一种真理，他们有的是各式各样富有弹性且彼此交融的迷信。

十几个世纪后，西方世界才再度揭示批判性思想的重要性。

从古代作家西塞罗身上，我们发现了这种思想存在的证据。他宁可被概率牵着鼻子走，也不肯百分之百肯定某些事情。有人说他太圆滑，因为这么一来他便可以自相矛盾。没错，许多文学教授指责他自相矛盾、屡屡变卦。但对于向波普尔学得如何自我批判的我们来说，这可能是我们更加敬重他的原因，因为他绝不会只因过去讲过，就冥顽不灵地坚持原来的意见。

渴望摆脱自己说过的话造成的束缚的这种呼声直到现代才再度出现。1968 年，法国掀起学潮，学生在巴黎示威暴动，写在墙上的标语最能表达这样的愿望。这些年轻人多年来必须表现智识聪明、条理分明，如此的重担压得他们喘不过气来，因此他们疾呼：

> 我们要求自相矛盾的权利！

破除路径依赖

现代世界给了我们一个阴郁的故事。我们的文化将自相矛盾塑造为可耻之事，认为它可能在科学中造成灾难。普鲁斯特的小说《追忆逝水年华》中，有位半退休的外交官德诺波侯爵。他和传真机发明前的所有外交官一样，是社会名流，大多数时间流连在沙龙里。小说叙事者提及德诺波先生在某些问题上，公开说出自相矛盾的话。别人提醒他先前的立场如何时，德诺波却似乎不记得曾经那样表示过。普鲁斯特痛斥他说：

> 德诺波先生不是在说谎，他只是忘了。没有经过深思熟虑的话，有样学样告诉你的话，或者被激情包围时说过的话，忘得相当快。这些事情会变，你的记忆也跟着变了。比外交官更严重的是政治人物，他们不记得以前某个时候发表过的意见，然而他们撒下的小谎，可归因于野心过大，而非记不得了。

德诺波先生前后表达了不同的意见，因此被塑造成该引以为耻的形象，普鲁斯特没考虑到这位外交官可能真的改变心意了。我们被认为应该忠于自己的意见，否则便是背信弃义之人。

我却觉得德诺波先生应该当交易员。贝比奇是我见过最优秀的交易员之一，他有一种优异的特质：他的信念完全不受路径依赖的观念束缚。他可能一时冲动买进几个小时前才断定会下跌的某种货币，但一点也不觉得不好意思。什么事情改变了他的心意？他认为没有必要回答这个问题。

将这种特质表现得最明显的公众人物是索罗斯。他的长处之一是能以相当快的速度修正自己的意见，并一点也不觉得难堪。从以下的逸事，可以看出索罗斯能够弹指间推翻前见。法国花花公子型交易员侯让在以小说形式包装的自传中谈到这件事：主角（侯让）以前常在长岛的汉普顿斯（Hamptons）和索罗斯打网球。索罗斯“年纪较大，带着奇怪的口音”，有时他们会聊起金融市场，但主角起初不知道索罗斯的分量和影响力。有个周末，索罗斯在谈话中表示非常看坏后市，并讲出一连串复杂的道理，主角听不懂。索罗斯显然在市场中卖空。几天后，市场暴涨，频创新高。主角担心索罗斯建立的头寸可能赔钱，下次打球碰面时问他是否有所损失。“我们大赚了一笔，”索罗斯说，“我改变了主意，不但回补空头头寸，还建立起很大的多头头寸。”

几年后，同样这个特质对侯让造成了不利的影响，几乎毁了他的职业生涯。20 世纪 80 年代末，索罗斯给侯让 2 000 万美元（当时是很大一笔数目）去投机，侯让借此创立了一家交易公司。几天后索罗斯到巴黎，他们在共进午餐时聊到市场，侯让发现索罗斯的态度变得相当冷淡。之后索罗斯把钱全部撤回，没做任何解释。索罗斯这类真正的投机者和别人不一样的地方，在于他们的行为缺乏路径依赖。他们完全不受过去的行为束缚，每一天都是一张白纸。

路径依赖的信念

要测试信念是否存在路径依赖，有个简单的方法。假设你拥有一幅画，当初是以 2 万美元买进的。由于艺术品市场欣欣向荣，现在这幅画值 4 万美元。如果你手头上没有这幅画，你会依目前的市价买进吗？如果不会，那么我们就说你死守自己的现状。你不肯按目前市价买进该画，表示其市价已高于其实价，留着它不放根本不合理，你所做的只是感情上的投资。许多人死守自己的观念，直到踏进坟墓。如果某人始终紧抱第一个观念，我们便称其持有路径依赖的信念。

有许多理由使我们相信，由于进化的目的，我们在骨子里便倾向于持守已经投注了不少时间的观念。你会每天早上8点都考虑和配偶离婚，把感情投资到别处吗？十分理性的政治人物在竞选过程中，会因为发现新的证据而改变对某件事的看法，并且突然退党改投其他政党吗？一向以合宜方式评估交易的理性投资人，会将之视为基因上的异数，也许还是罕见的变种。有些医学研究人员发现，过于理性，是扁桃体有瑕疵的迹象，可称之为精神病患者。索罗斯有可能是因为基因上的缺陷，而成为理性的决策者吗？

不死守观念的这种特质，在人类中的确十分罕见，就像对待自己的孩子，我们花很多钱财和时间在他们身上，终生挚爱他们。对待一些观念也是一样，学者因为倡导某项见解而打响知名度后，不会说出有损以前成就的话来，而这使得其多年辛辛苦苦的投资毁于一旦。退党后加入他党的人，成了忘恩负义者、变节者，最糟的说法则是叛徒（以前背弃宗教信仰的人还会被处死）。

计算而不思考

除了以上所说的卡涅阿德斯和西塞罗的故事，还有另一个和概率有关的故事。概率是随着博弈理论进入数学领域时，并且一直停留在计算工具的角色。最近有一批“风险测度者”（risk measurers）现身，他们专精于以概率方法评估社会科学中的风险。赌博的规则制定得十分清楚，赔率是可以计算的，所以风险也能衡量。但是现实生活远非如此，大自然并没有为我们制定明确规则。生命不是一副扑克牌，我们甚至不知道里面有多少颜色。但不知道为什么，有些人就是爱“测度”风险，尤其是他们拿了钱就得做事的时候。我已经谈过休谟的归纳问题以及黑天鹅问题，现在来谈谈科学的加害者。

很长一段时间以来，我一直抨击一些知名的财务经济学家欺世盗名。有个叫马克维茨的人，获得了诺贝尔经济学奖。他有什么成就？他提出一种精巧的方法：如果知道未来的不确定性，就能计算未来的风险；换句话说，如果市场有定义明确的规则的话就能计算，但事实显然不是这个样子。我向一位出租车司机解释它的要点，他笑了起来，说想不到竟然有人认为可以用科学方法了解市场，并且预测它们的属性。然而一旦涉足财务经济学，由于这个领域的文化，他就很可能忘掉这些基本的事实。

马克维茨博士的理论立即产生的后果，是1998年夏金融体系差一点被长期资本管理公司（Long Term Capital Management, LTCM）拖累而崩溃。该公司是康涅狄格州格林尼治的一个基金公司，主其事者是马克维茨的两个同行：默顿博士（就是第三章中批评希勒的那个人）和斯科尔斯，他们也曾共同得到诺贝尔经济学奖。不知道为什么，他们认为自己能以科学的方法“测度”他们的风险。在长期资本管理公司事件引发危机后，他们矢口否认自己不了解市场，也排除了他们所用的方法有误的可能性，这样的假说根本不值得考虑。从黑天鹅事件和体系的崩溃中获利，以及和财务经济学家对赌，刚好是我的拿手好戏。突然之间，除了市场给我的大红包，我开始惹来一些不悦之色。默顿和斯科尔斯博士帮助我这位谦卑的作者跃上台面，也催生出谦卑的危机猎寻公司安皮瑞卡（Empirica）——因为资金开始流向所作所为和他们赖以为生之道完全相反的人那里。

我们认为，科学家犯错的时候，会发展出一套新科学，把从错误中学到的东西纳入其中。学者在金融市场“炸毁”后，我们以为他们会把这个信息纳入他们的理论中，并且勇敢地宣布自己错了，但已在真实的世界中学到某些东西。默顿和斯科尔斯却不做此图，反而指责市场中其他对手的行为，说这些人像秃鹰般直扑他们，加快了他们垮台的速度。接受已发生的事是勇者该做的，但这会毁掉他们整个学术生涯辛苦建立的观念。该公司所有主事者在讨论此事件时，都戴着科学的假面具，引述种种特别的因素，并且怪罪到稀有事件上。（这是个归纳问题：他们怎么知道那是稀有事件？）他们用尽全力为自己辩护，而不是吸取教训设法从中获利。这也与索罗斯形成强烈的对比。索罗斯到处告诉肯耐心听他说话的人，说自己很容易犯错。我从索罗斯身上学到这个教训，于是在公司每次开会之初，我都要说服在场的每个人相信我们不过是一群傻子，什么也不懂且容易犯错，但是幸好很少有人像我们这样知道这件事。

科学的进化

结束本章时，要对从事软科学研究的科学家讲一些听了令人难过的话。人们常常混淆了科学和科学家。科学很伟大，但个别科学家很危险。他们是凡人，也会受凡人的偏见的影响，或许有过之而无不及。大部分科学家都很固执，否则就不可能有足够的耐性和精力去执行那么艰巨的任务，例如一天花 18 个小时让他们的博士论文更完美。

科学家可能被逼得像个廉价辩护律师，而不是单纯的真理追求者。写出博士论文的人，必须为它“辩护”；主试者列举令人信服的论点证明论文的观点不正确时，我们极少见到学生改变心意。但是科学比科学家要好。有人说，科学的进化是从一场葬礼赶往另一场葬礼。长期资本管理公司垮掉后，会有一位新的财务经济学家出现，将相关知识纳入他的学说中。同样，以前的老财务经济学家会抗拒排挤他，但他们比他更接近坟墓。

第十四章

掌控随机现象

战败后的安东尼众叛亲离，连坐骑都投奔敌人屋大维，命运如此捉弄，我们能如何应对？

出身贵族的法国古典派作家蒙特朗得知将因一种退化性疾病而失明时，他觉得最适当的做法是自行了结生命。这正是古典派作家的结局。为什么？因为面对随机问题时，斯多葛学派的教条即选择能够掌控自己命运的方法。最终，他们可以在放弃生命或任由命运支配两者间做一选择。面对不确定性时，我们总还有这最后的选择。但是这种态度不只限于斯多葛学派。古希腊时期相互对立的两大学派：禁欲的斯多葛学派和享乐的伊壁鸠鲁学派，都建议人们要掌控自己的命运。

当英雄，不一定得在战场上捐躯或自行了断生命，这些行为太过极端，后者更被视为懦弱的表现。我们可以在大大小小的行为上，展现掌控随机现象的能力。前面说过，史诗中的英雄是以其行为而论，而不是依成败来判定的。不管我们的选择有多复杂、我们多擅长支配运气，随机性总是最后的裁判，我们仅剩的只有尊严——指表现出不看周围环境脸色的气概。这也许不是最恰当的做法，却能让我们有最好的感觉。优雅从容地应对胁迫（Grace under pressure）就是这样一个例子。或者，你决定，不管代价是什么，今天绝对不拍某人马屁。或者，为了面子而决定与人决斗。或者，追求异性时向对方表示："我对你很有好感、深深被你吸引，但绝不会做有损尊严的事。因此，只要你稍有不悦之色，保证你以后再也不会看到我。"

本书最后一章将从全新的角度探讨随机现象，虽然触及哲学，却不像第一篇的黑天鹅问题那样，用科学和知识论等硬哲学来谈。我们是用比较古雅、柔软的哲学，谈论古人讨论一个有美德和尊严的人处理随机性问题时，所提出的各种指导准则——不涉及宗教问题。要特别指出的是，在所谓的地中海一神论传布之前，古人并不十分相信祈祷能够改变命运的方向。他们的生活充满危险，外敌随时入侵，命运说变就变，应付随机现象时，他们需要实质的教条。接下来就谈谈这种信念。

与概率平起平坐

如果现在还有斯多葛学派哲学家生存着，他会觉得卡瓦菲的诗很能代表他。许多爱诗的人认为卡瓦菲是有史以来最伟大的诗人之一。卡瓦菲出生于19世纪末，是希腊亚历山德里安城的文官，他以古典和现代希腊语作诗，深受西方文坛瞩目。对熟悉中产阶级价值观的通俗剧（狄更斯小说、浪漫诗等）及维瓦尔第歌剧的我们来说，卡瓦菲提供了古典的慰藉。

在杰奎琳·肯尼迪的葬礼上，她的最后一任男伴坦佩尔斯曼为她诵读了卡瓦菲的诗作《当神抛弃安东尼》（*Apoleipeino Theos Antonion*），这令我十分惊讶。此诗描述安东尼在与屋大维的战役中败北之际，连一向庇护他的丰饶之神巴克斯也背弃了他。这是我读过的最具教育意义的诗之一，它的动人之处在于其展现了如此高贵尊严的美感，也在于它以温和具启发性的语调，对刚遭逢变故的人提出忠告。

根据传说，战败后的安东尼众叛亲离，连坐骑都投奔敌人屋大维。诗人请他向已经不属于自己的亚历山德里安城告别，不必为自己的厄运悲泣、不要否认一切、不要以为耳朵和眼睛欺骗了自己。安东尼，不要因空洞的希望而堕落。

> 安东尼啊，情感震颤之际，只要倾听，无须如懦夫般哀求怨叹。

情绪起伏时，坚定不为所动。有那些情绪反应并没有错，也不失尊严——人生来就有情绪。错的是不能像英雄般，或至少像个有尊严的人那样挺直腰杆。这才是斯多葛哲学的真正意义，它要人与概率平起平坐。卡瓦菲的诗的魅力和传达的信息无可挑剔，但我忍不住想要冷嘲热讽一番。20年后，卡瓦菲患喉癌濒死之际，并没有展现诗中的精神。他已因外科手术而无法发声，却动不动就做哭喊状，且紧紧抓住来探病的人，不让他们离开病榻，这实在有失尊严。

我们来谈一些历史。前面说过，斯多葛哲学其实和我们所以为的坚定不移不甚一致。斯多葛哲学原为一种知识运动，由腓尼基裔的塞浦路斯人、季蒂昂的芝诺倡导。到了罗马时期，它发展成为重视美德的一种生活形态——在古时候，美德（virtue）的意思是指价值（virtu），相信美德本身即其报酬。崇尚禁欲者如维多利亚时期的英格兰士绅，发展出一套社会模式，它的信条可以汇总如下：禁欲主义者乃集智慧、正直、勇气于一身之人，无畏于生命恶作剧造成的伤害，因此不受生命起伏波折的影响。但是事情总有可能走上极端，严肃的卡多认为表现人的情绪有失他的身份。塞内加写的《斯多葛哲人的来信》（*Letters From a Stoic*）一书，有较富有人性的一面，可读性极高，我常买来送交易员朋友；塞内加后来也为命运所困，自行了结了生命。

随机现象与优雅行为

关于人生在世应该有什么样的行为，读者应该已经知道我会怎么建议和如何说教。我们说过，人有情绪反应时，合乎理性的观念很难听进耳里；走出教室，我们就不会用到理性的大脑。一些自助励志书即使不是胡说八道的人写的，大致也没什么效果。启发人心而且“友善的”好建议和具说服力的说教，如果不能拨动我们的心弦，便将稍纵即逝。斯多葛哲学有趣的地方，在于它强调尊严和个人的美感，而这是我们基因中的一部分。下次碰到厄运时，不妨开始强调个人举止的优雅。你应该表现出不管在什么状况下，都“知道如何生存”。

行刑日那天把最好的衣服穿上（仔细刮好胡子）；挺直腰杆站直，显现一股傲气，好在行刑队心里留下美好的印象。诊断出罹患癌症时，不要哭天喊地，做出一副无辜受害的样子。只和医生讨论病情，切莫让别人知道，如此就可避免听到老掉牙的安慰话，也没人会视你为值得同情的受害人。此外，那种有尊严的态度，可以让挫败和胜利一样，叫人觉得具有英雄气概。赔钱的时候，务必对你的助理更为客气，不要对他发怒（许多交易员经常这个样子，令人不齿）。不要将你的命运怪罪于任何人，即使他们确实是祸首。就算你的另一半和英俊的滑雪教练或年轻但野心不小的模特儿搞上，也绝不要自怜自艾。别怨东怨西。如果你的生意变少，不要马上哈腰屈膝，可以像我儿时的好友艾波史雷曼那样，发出一封充满英雄气概的电子邮件给同行，告诉他们：“生意虽少，态度不变。”命运女神唯一不能控制的东西，是你的行为。

祝你好运！

后 记

遇上黑天鹅

塔利波步步小心，但终究逃不过命运的魔爪。

自从带点幸灾乐祸的心情看着落魄的约翰抽烟后过了几年，塔利波幸运地战胜了那 28% 的概率，已经与癌细胞“和平共处”。同时，他生活事业都一帆风顺。他的财富不只更上一层楼，而且在其他华尔街红人变穷之际，他赚得更多财富——如果他想要的话，可以用很高的折扣买到他们拥有的商品。但他买得很少，而且当然不买华尔街人士通常会买的那些东西。不过塔利波确实偶尔会放纵自己。

塔利波开始花更多时间待在伦敦，但伦敦周五下午的交通情况十分吓人。他对交通阻塞非常厌恶。有一天，他花了 5 个小时才从市区的办公室往西开到科兹沃的别墅，大部分周末，他都在那里度过。交通问题令他苦恼，于是他到剑桥郡（Cambridgeshire）上速成班，取得了直升机飞行执照。他知道，搭火车离开市区可能是更简单的方法，但他觉得应该放纵一下自己。

塔利波在自己的专业上非常重视概率问题，却不知道为什么，没有将之充分运用到生活中存在的风险上。一个风大的日子里，塔利波在驾直升机准备降落巴特西公园附近时坠机，机上只有他一个人。黑天鹅终究还是大发神威了。